TIGER, TIGER OF THE NIGHT

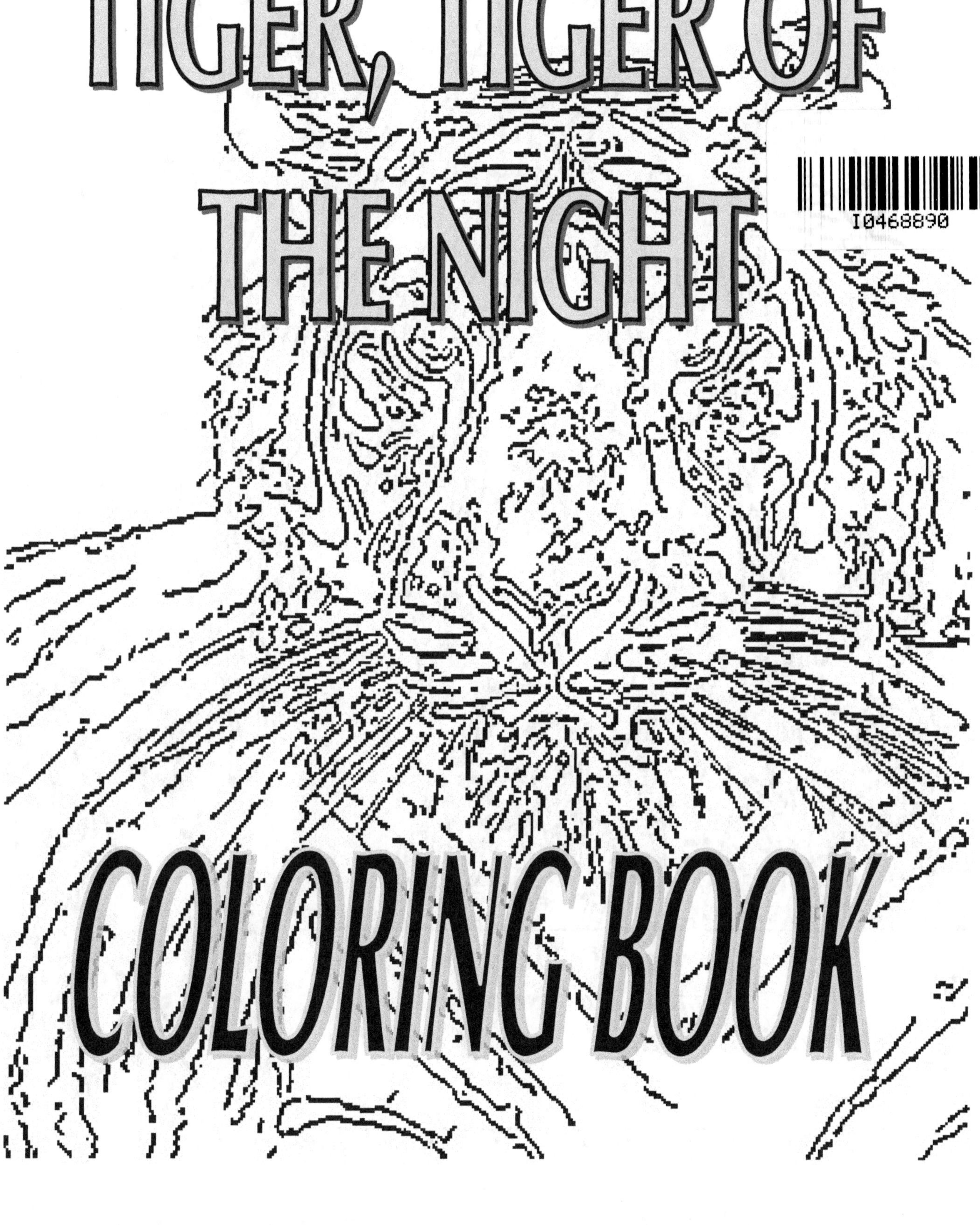

COLORING BOOK

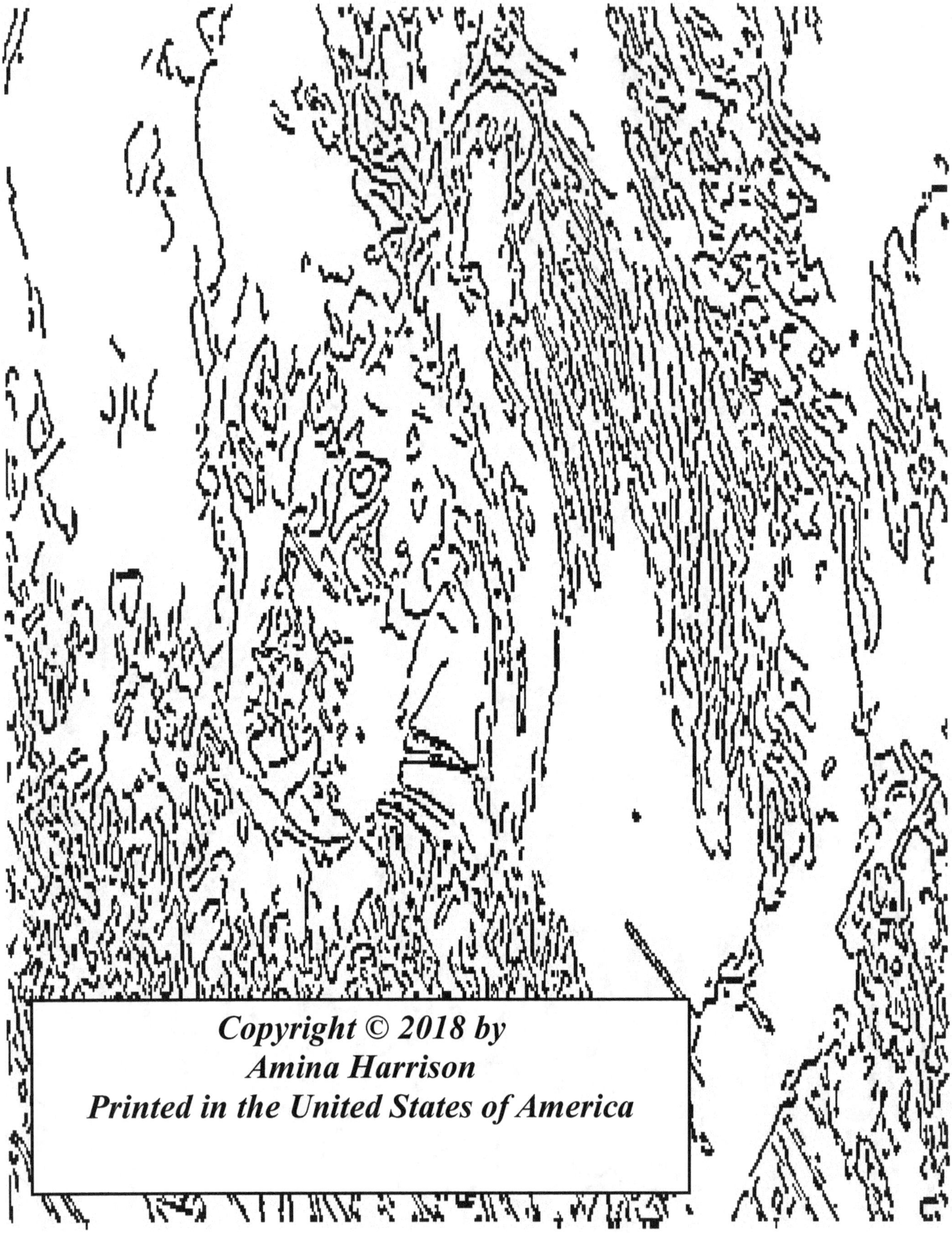

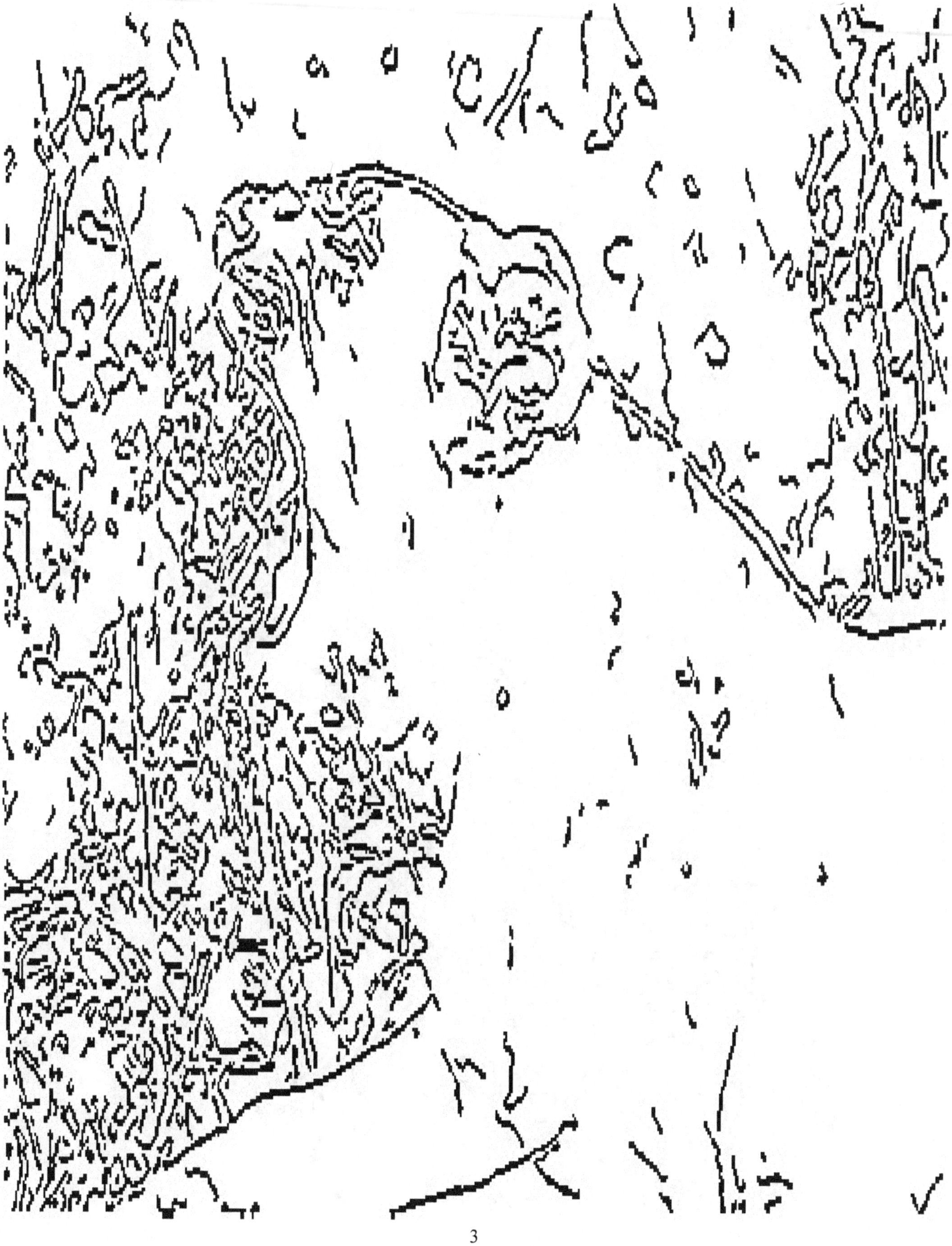

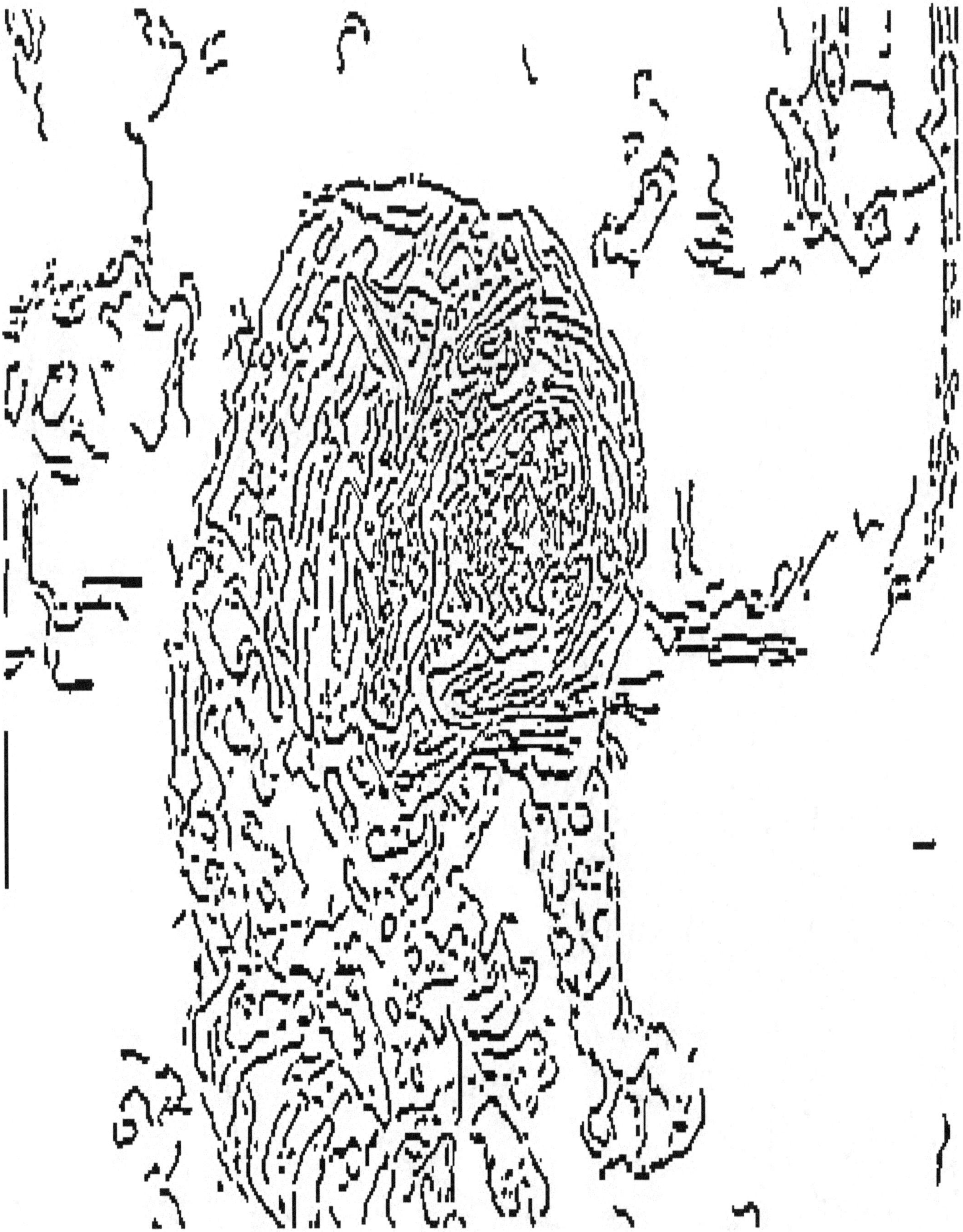

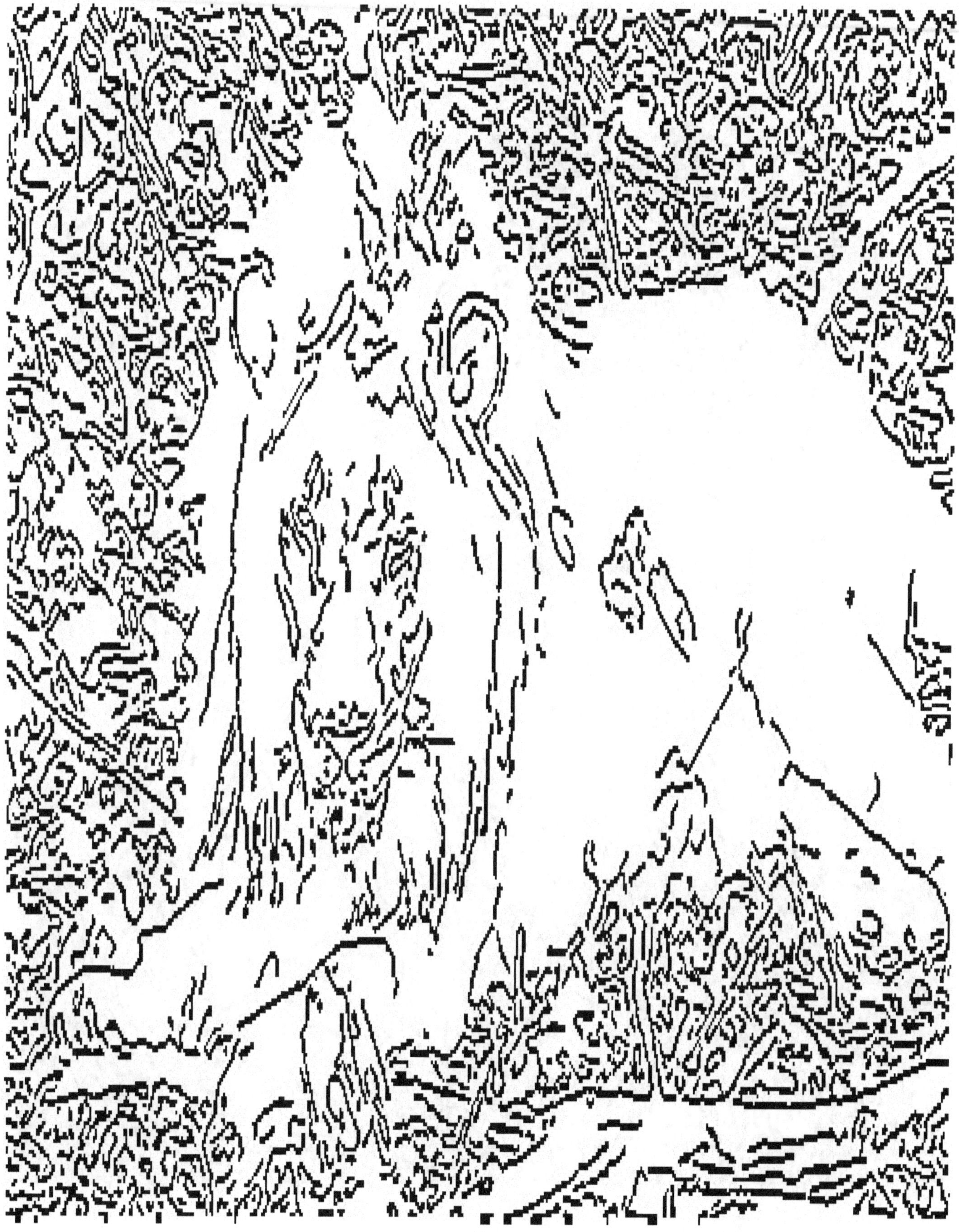

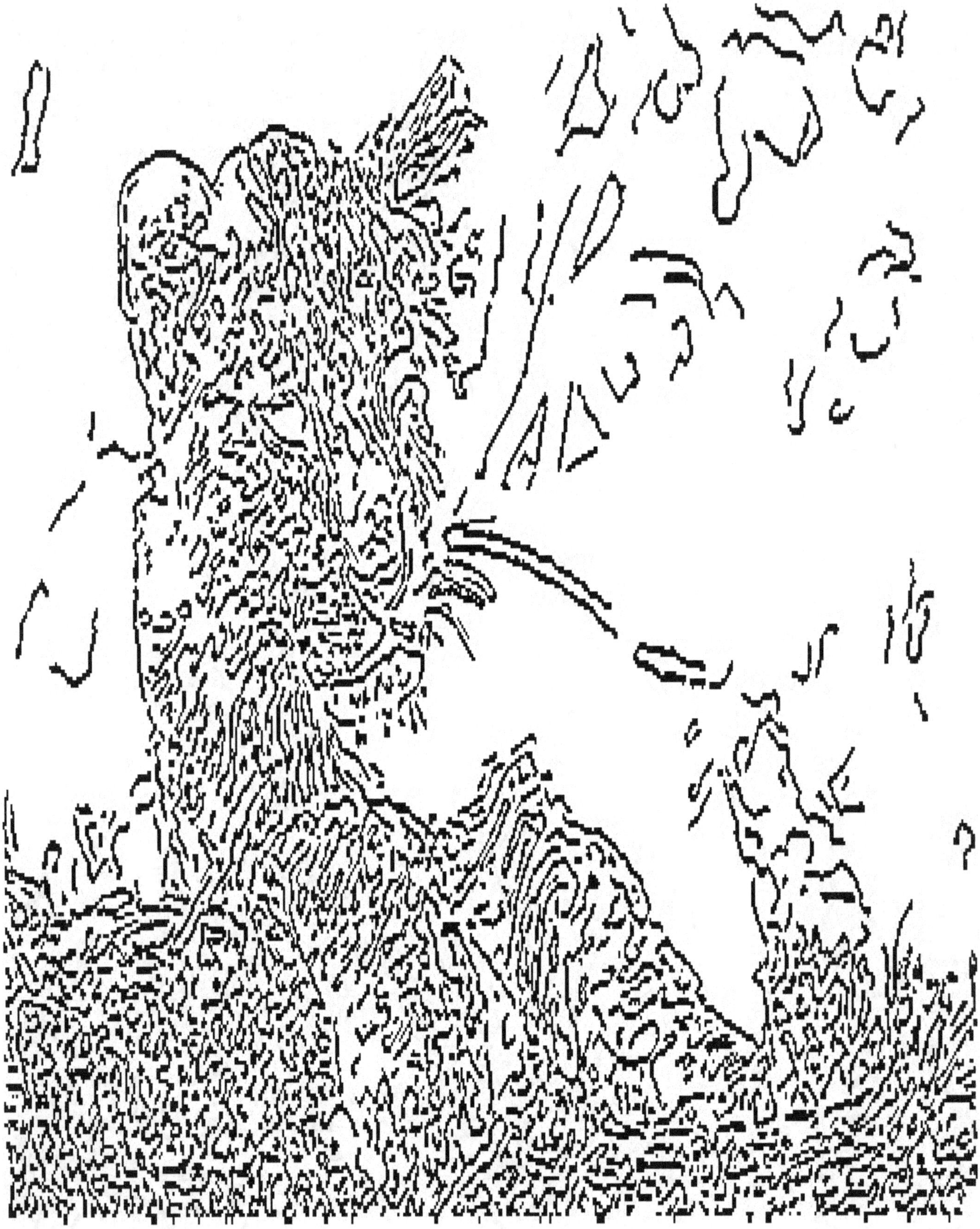

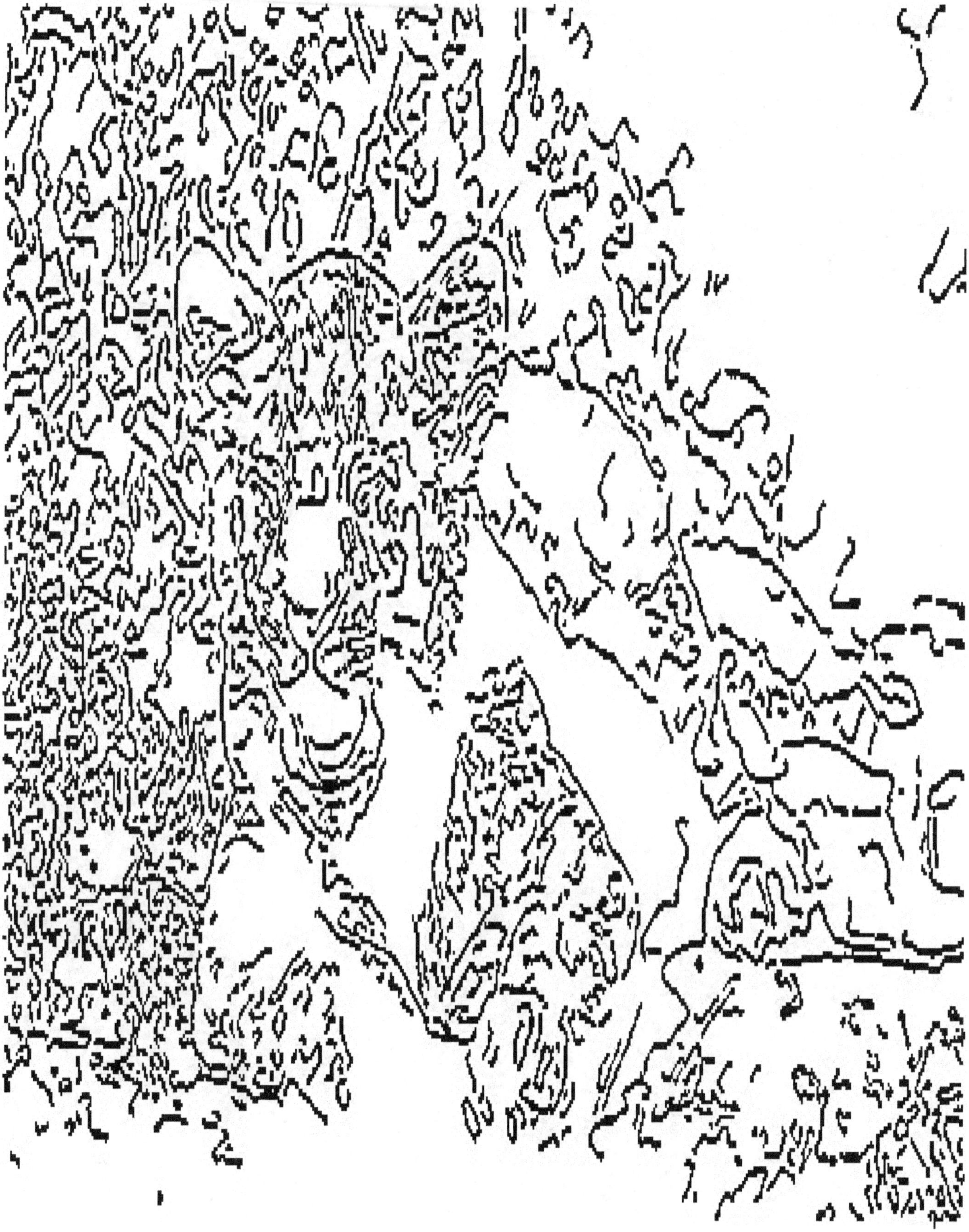

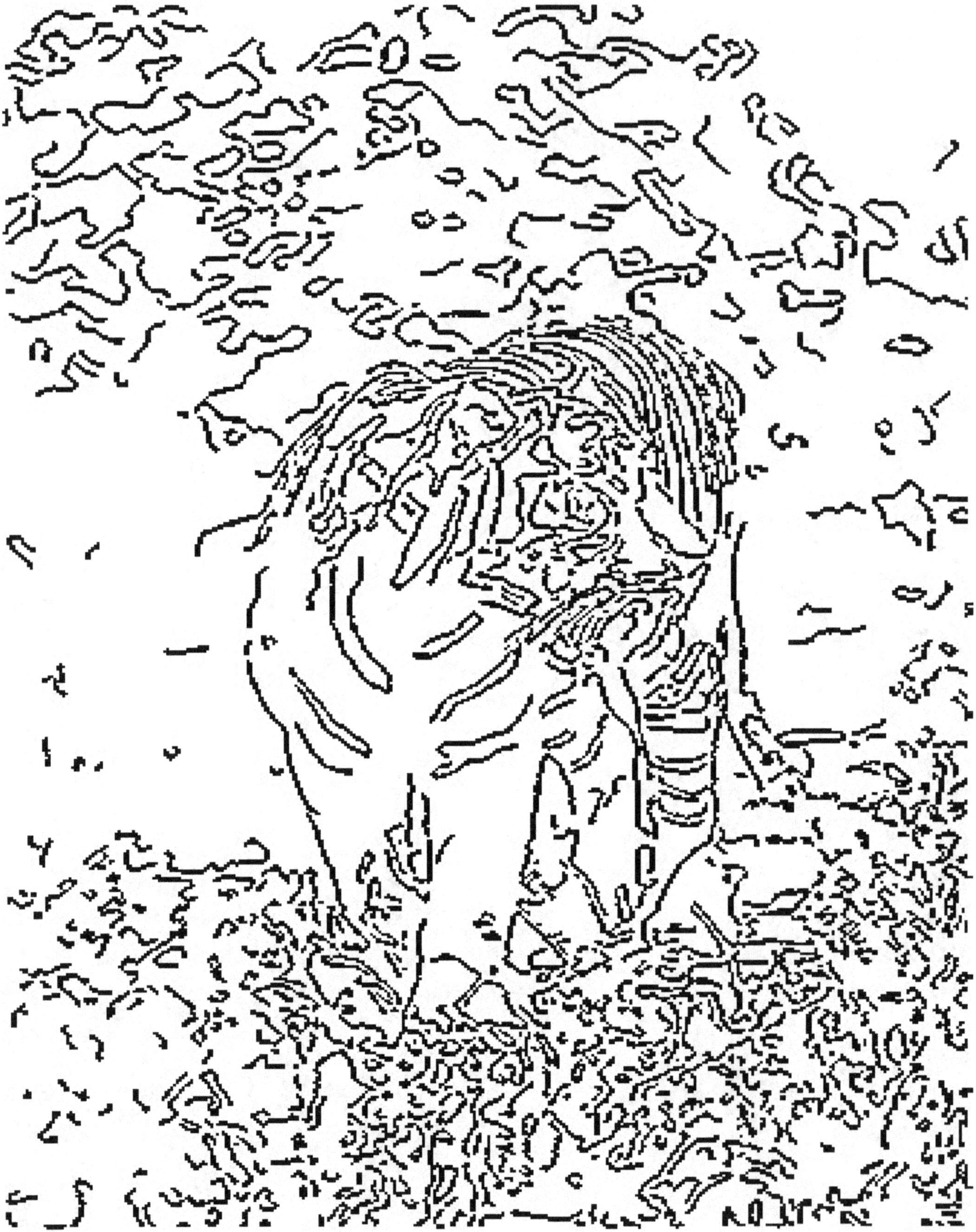

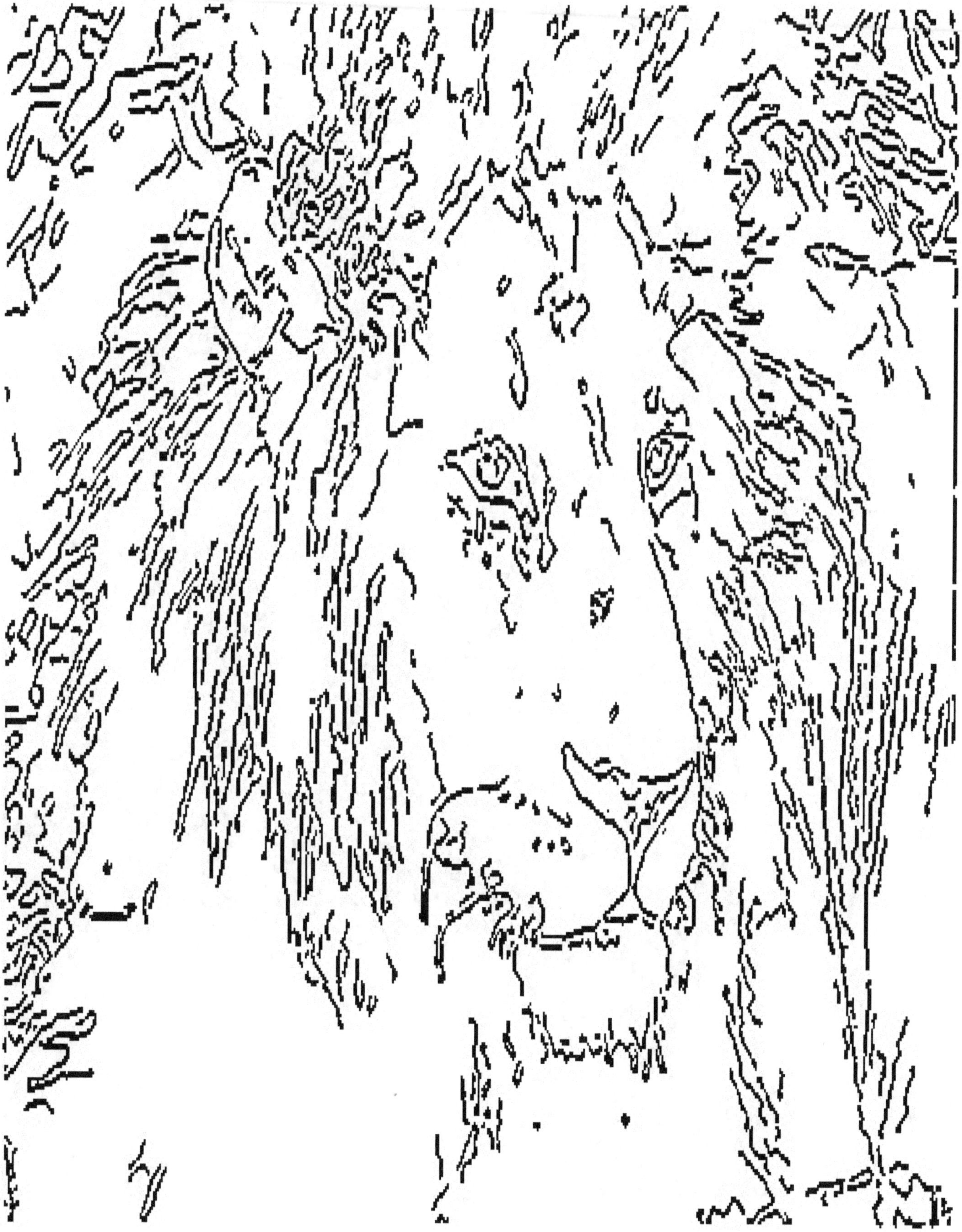

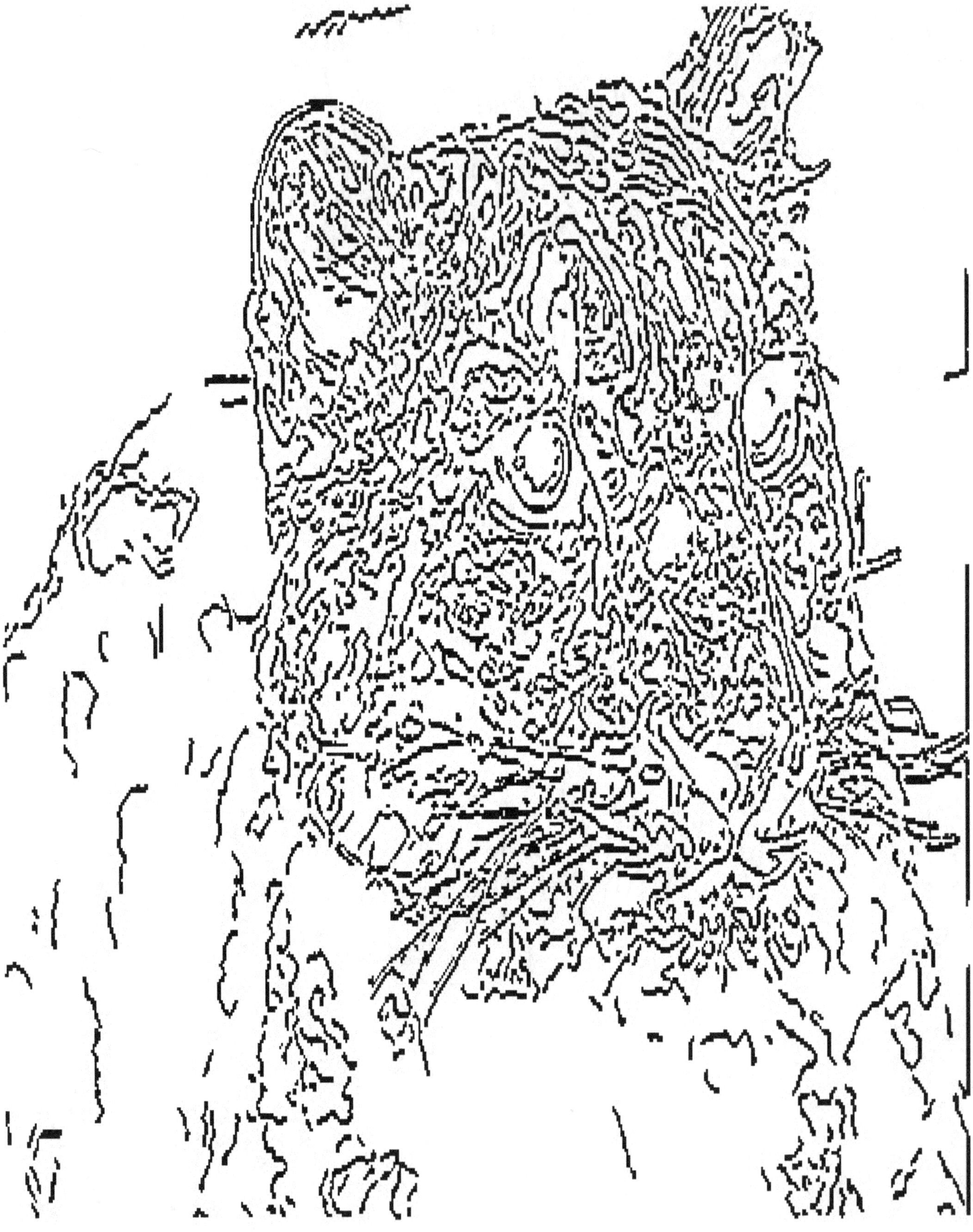

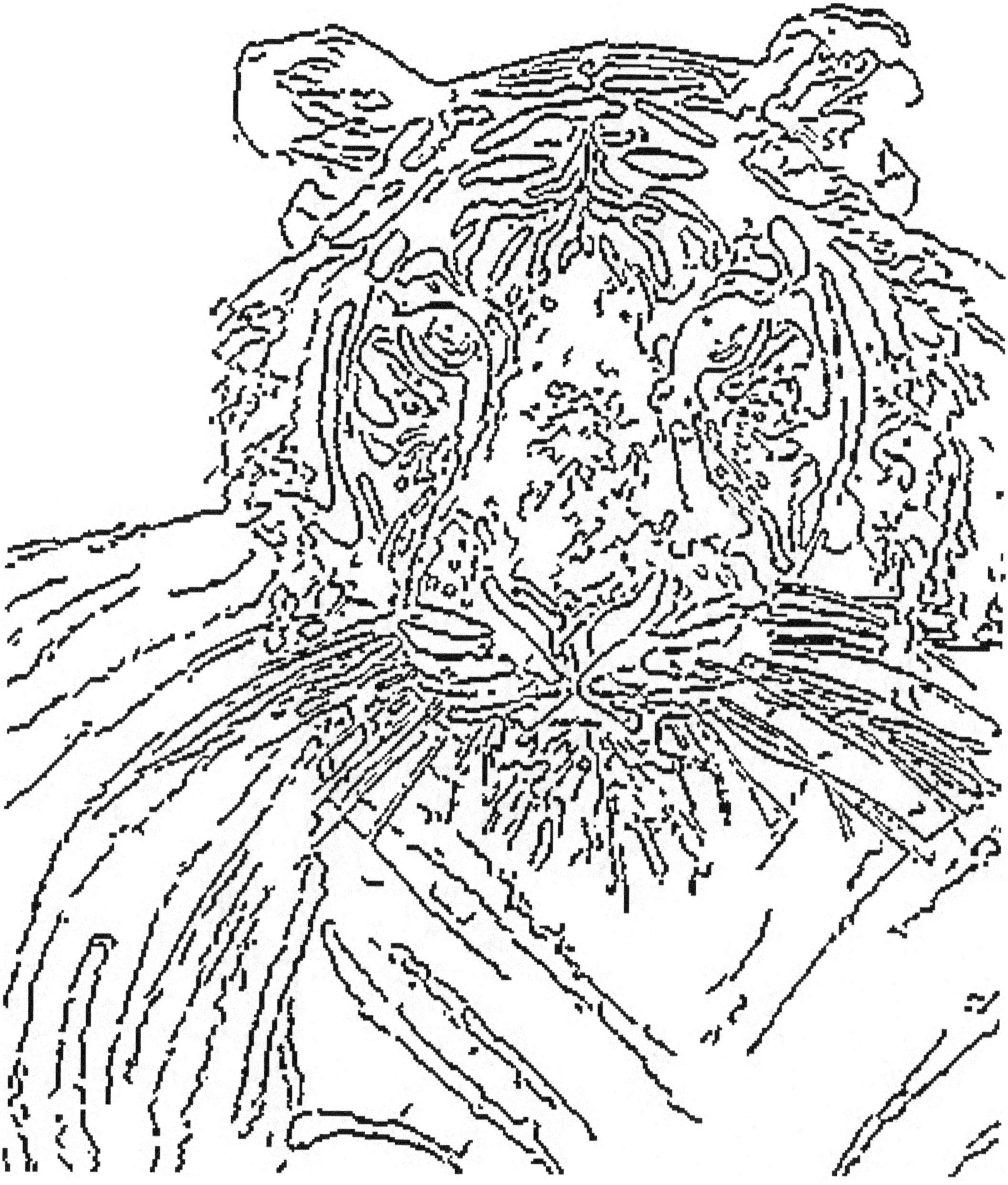

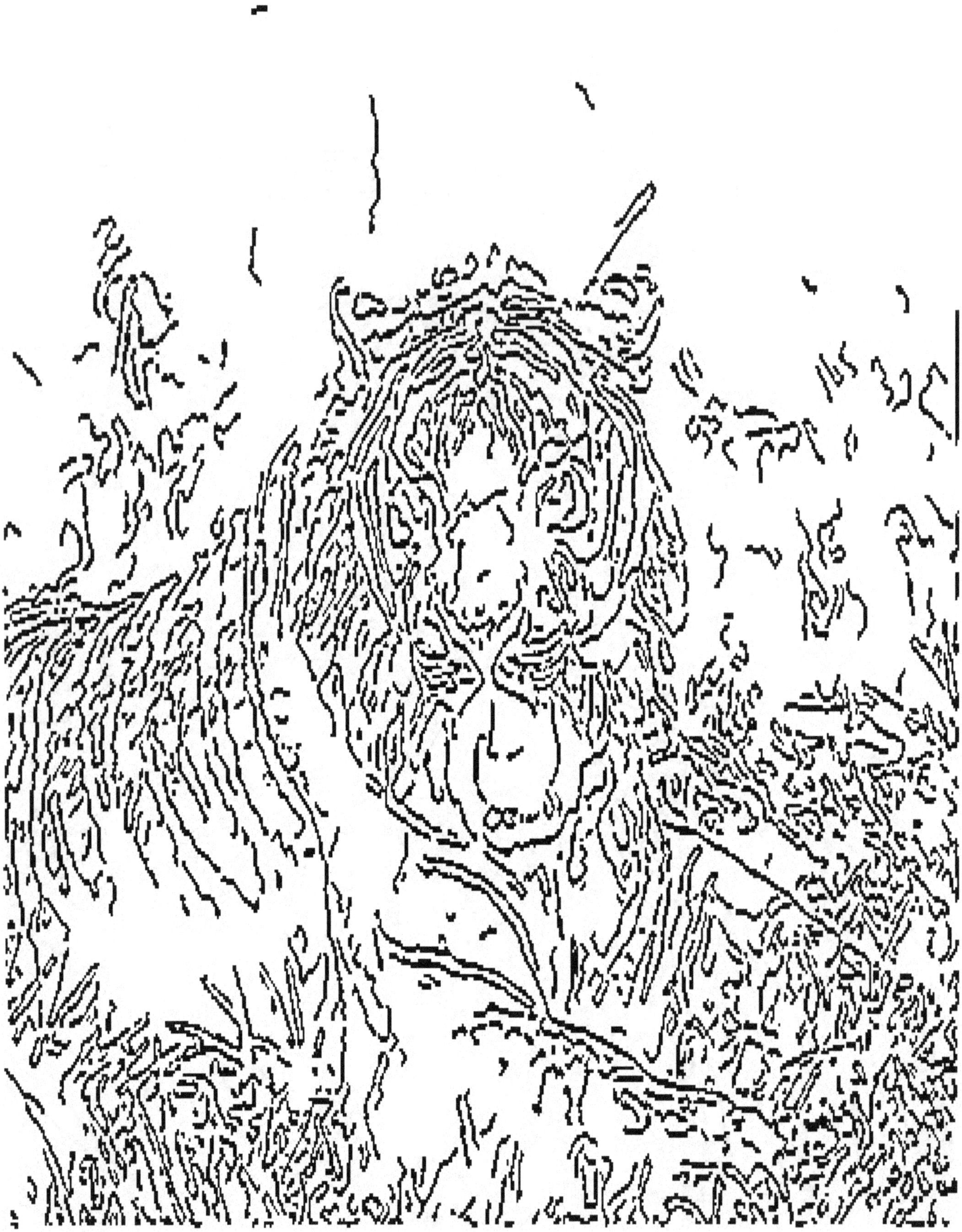

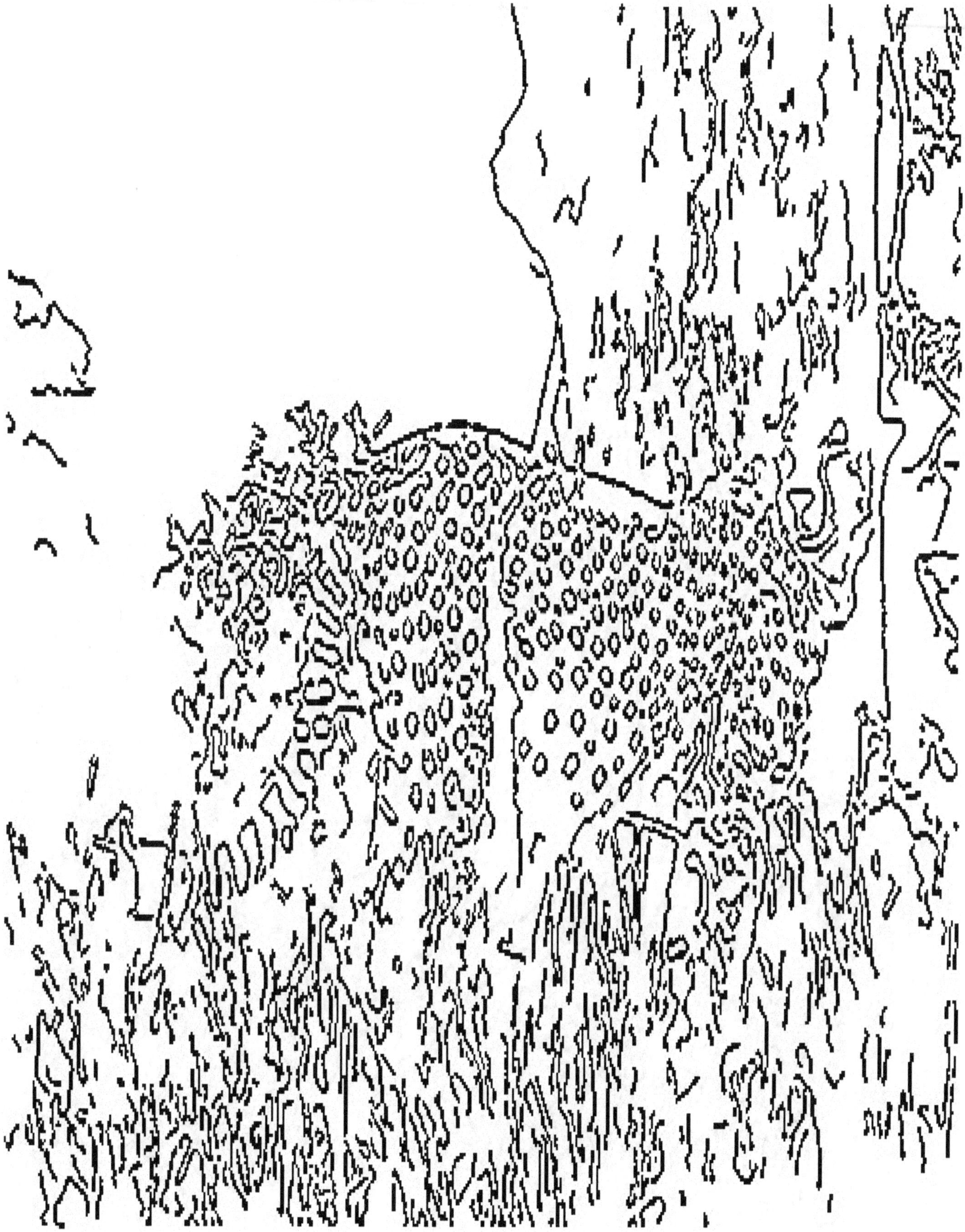

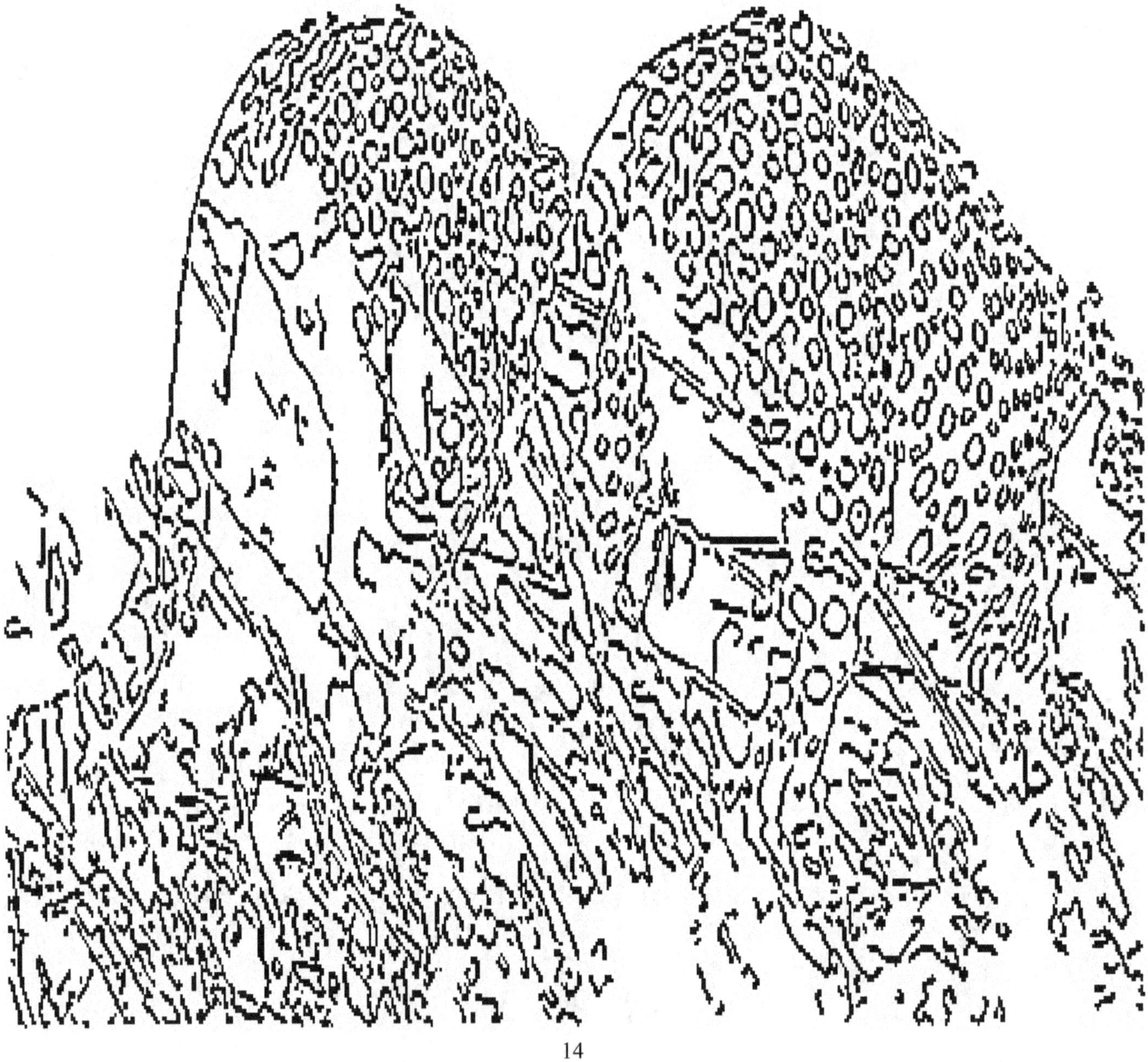

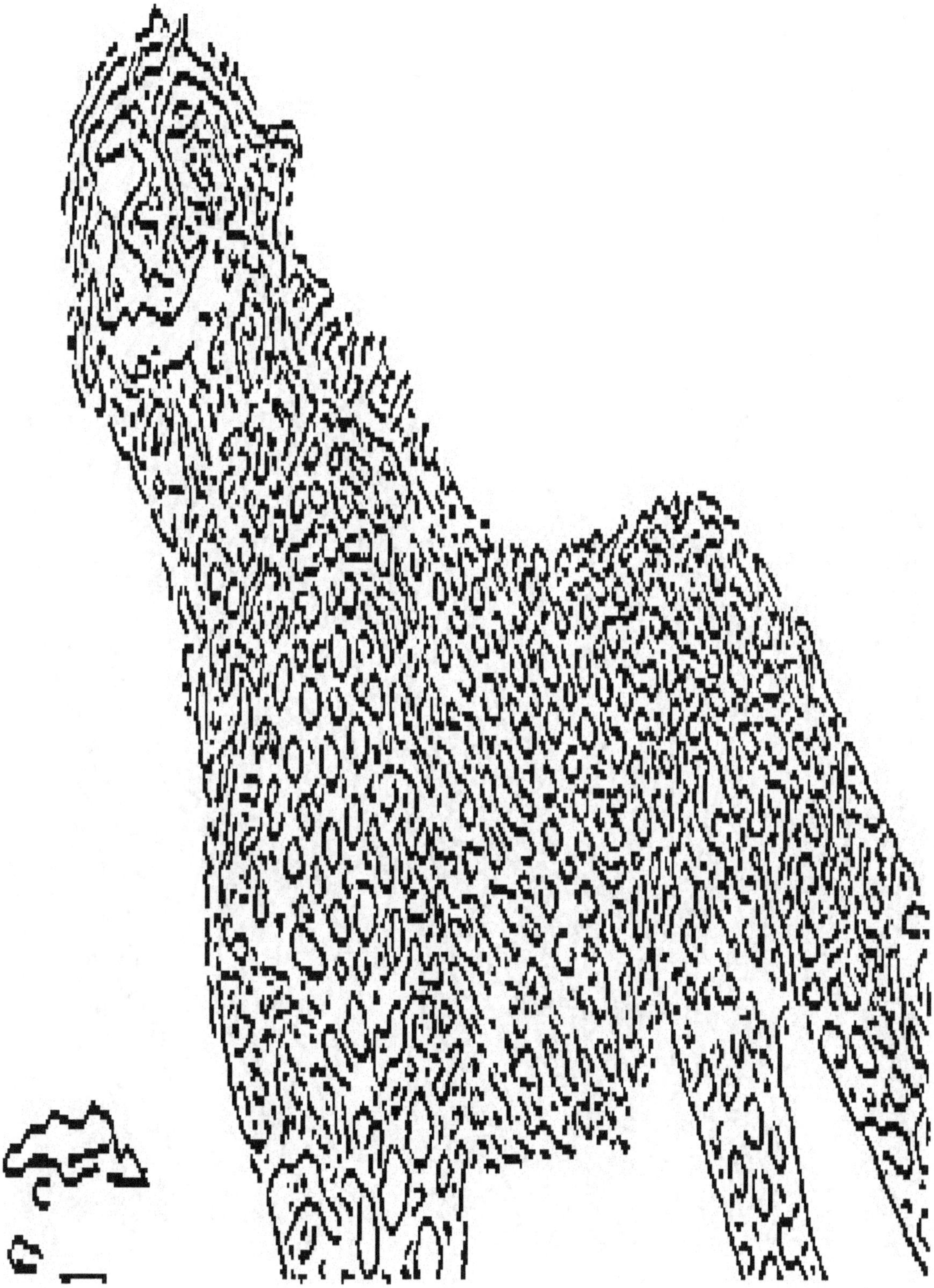

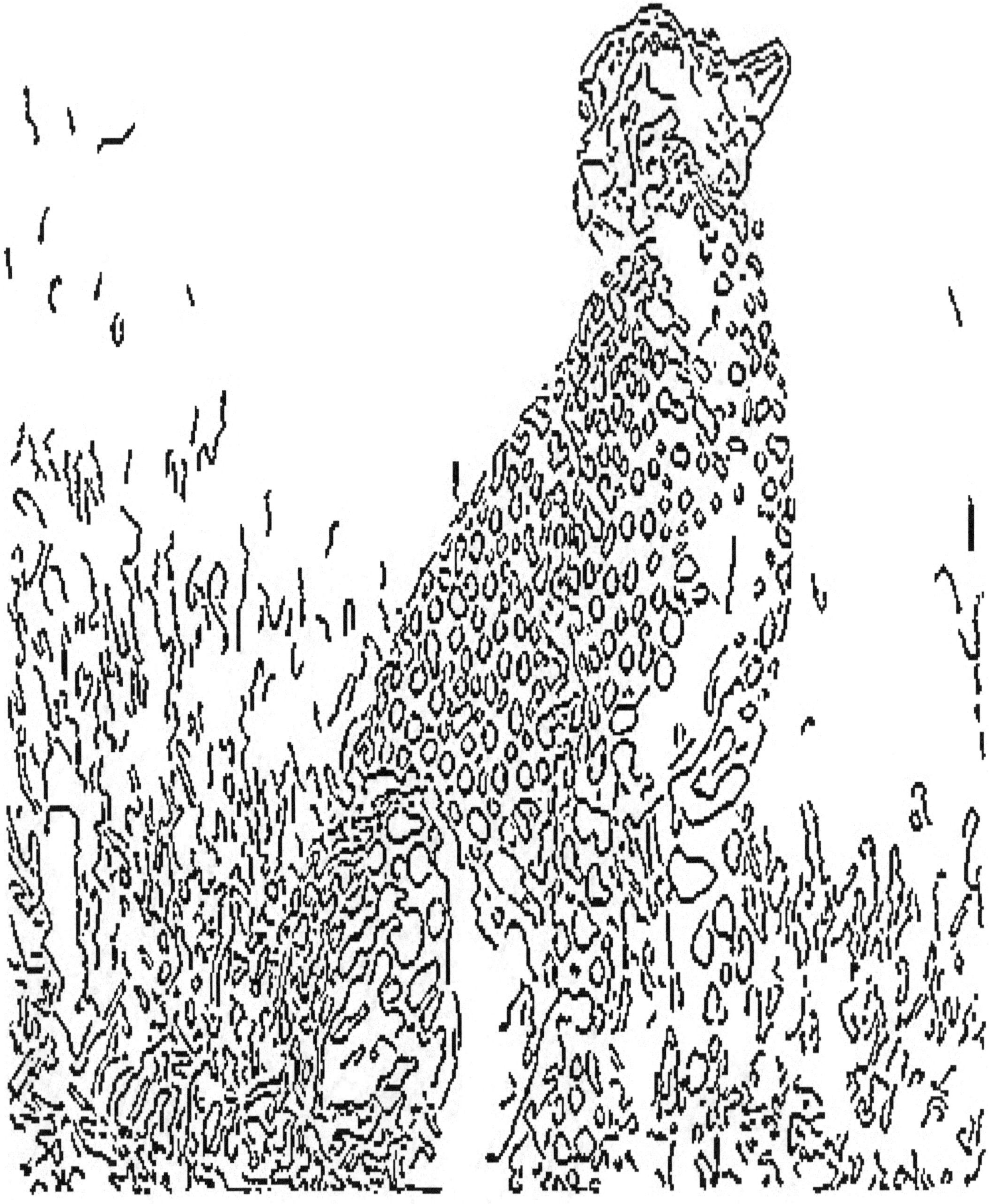

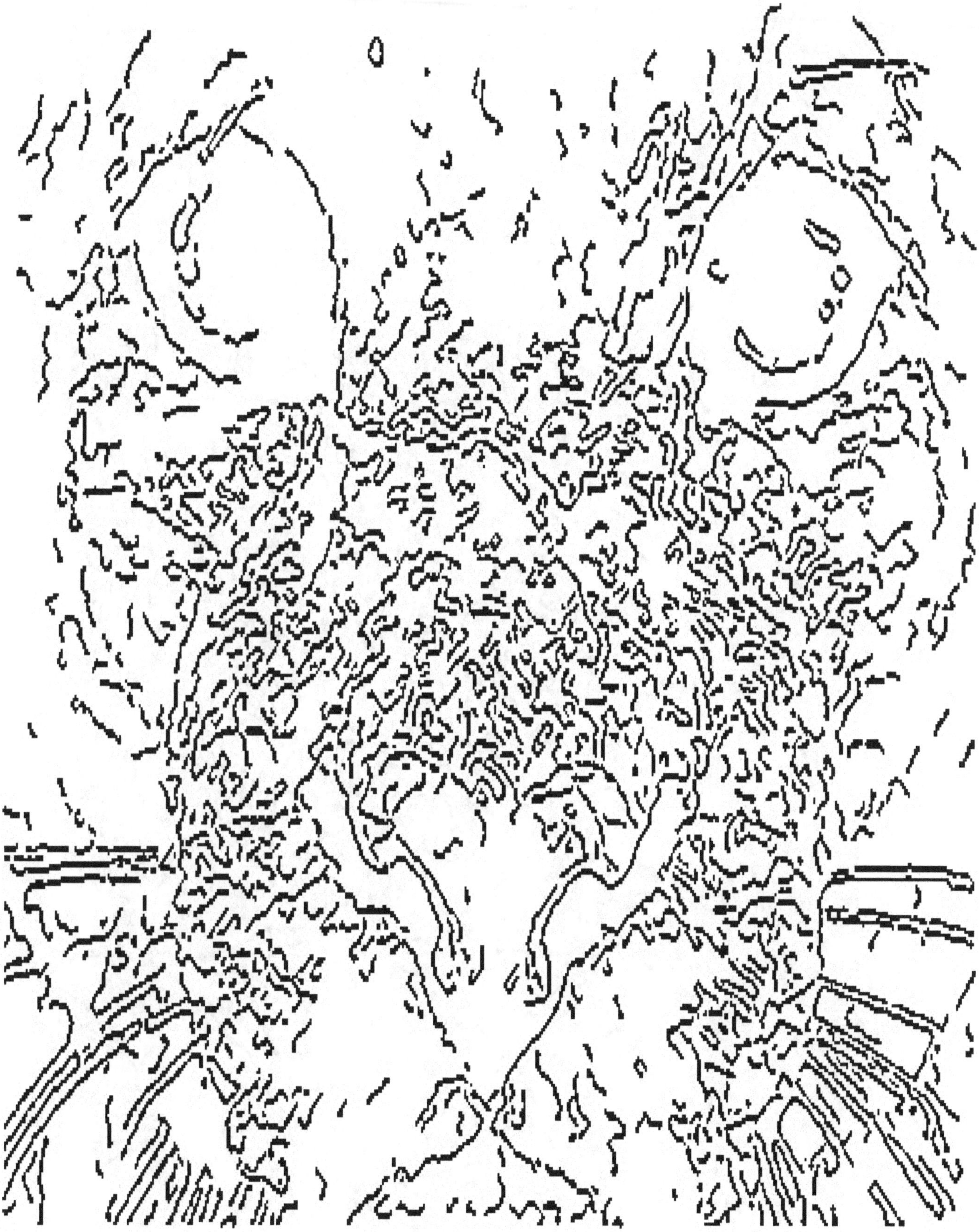

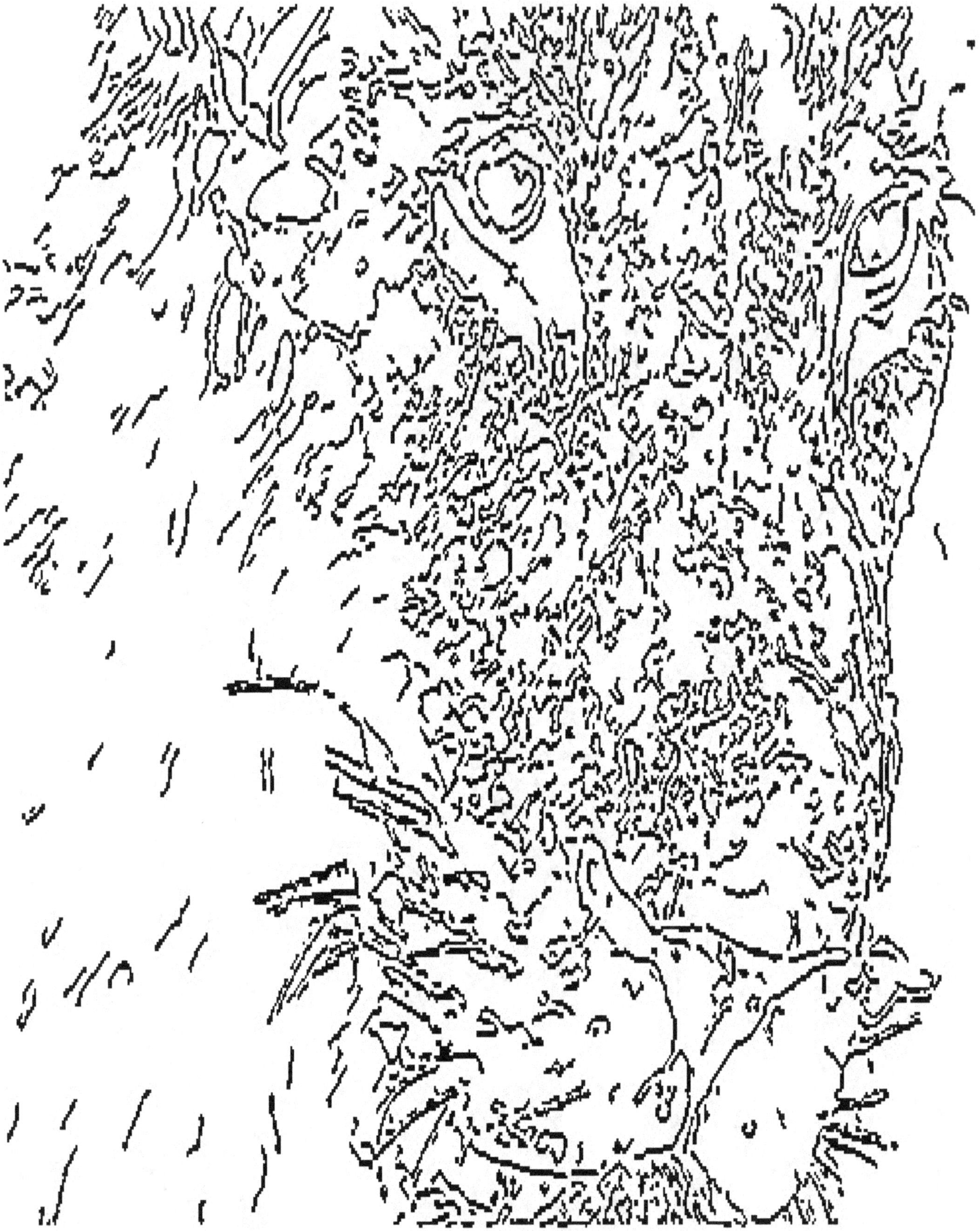

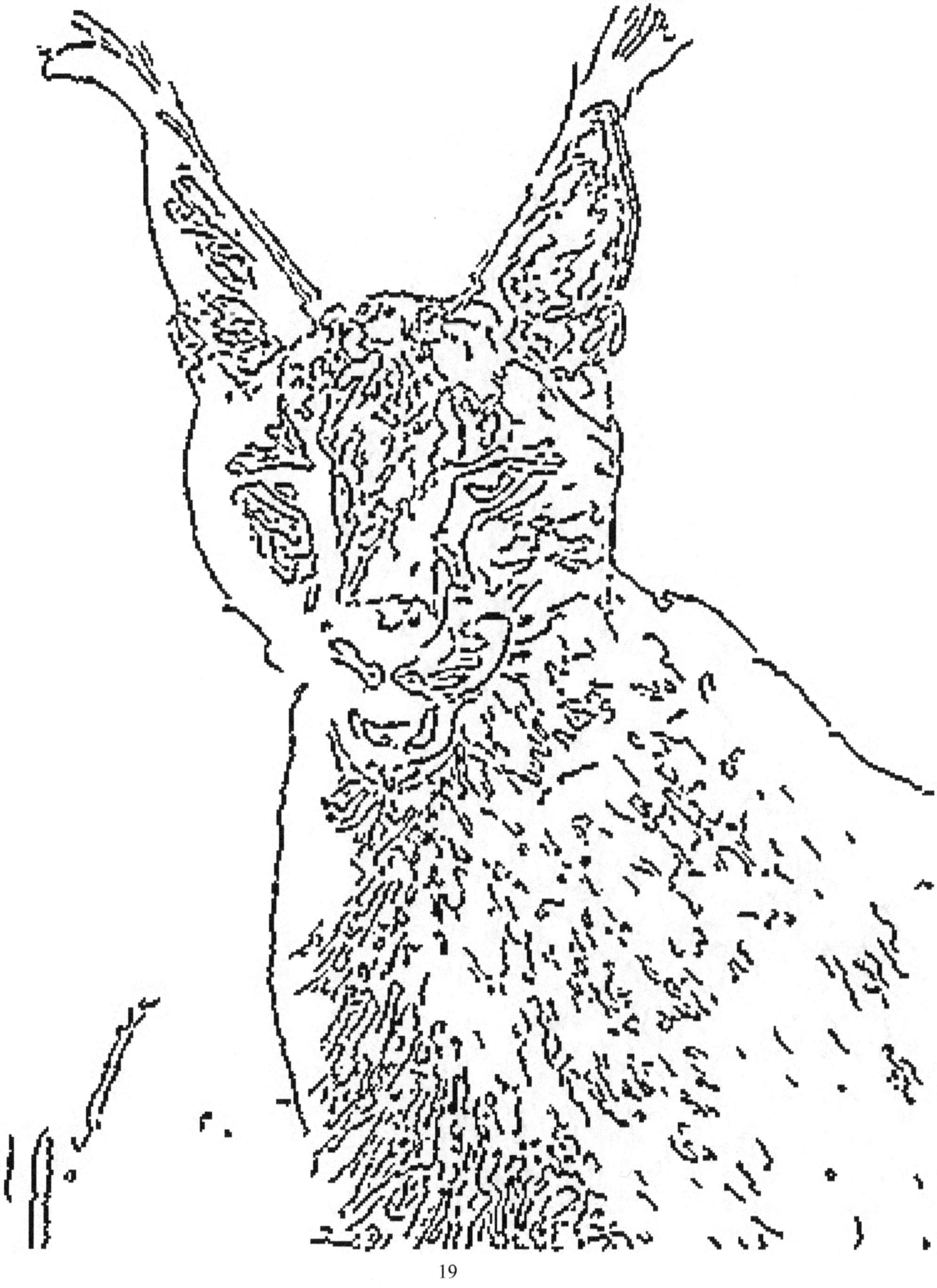

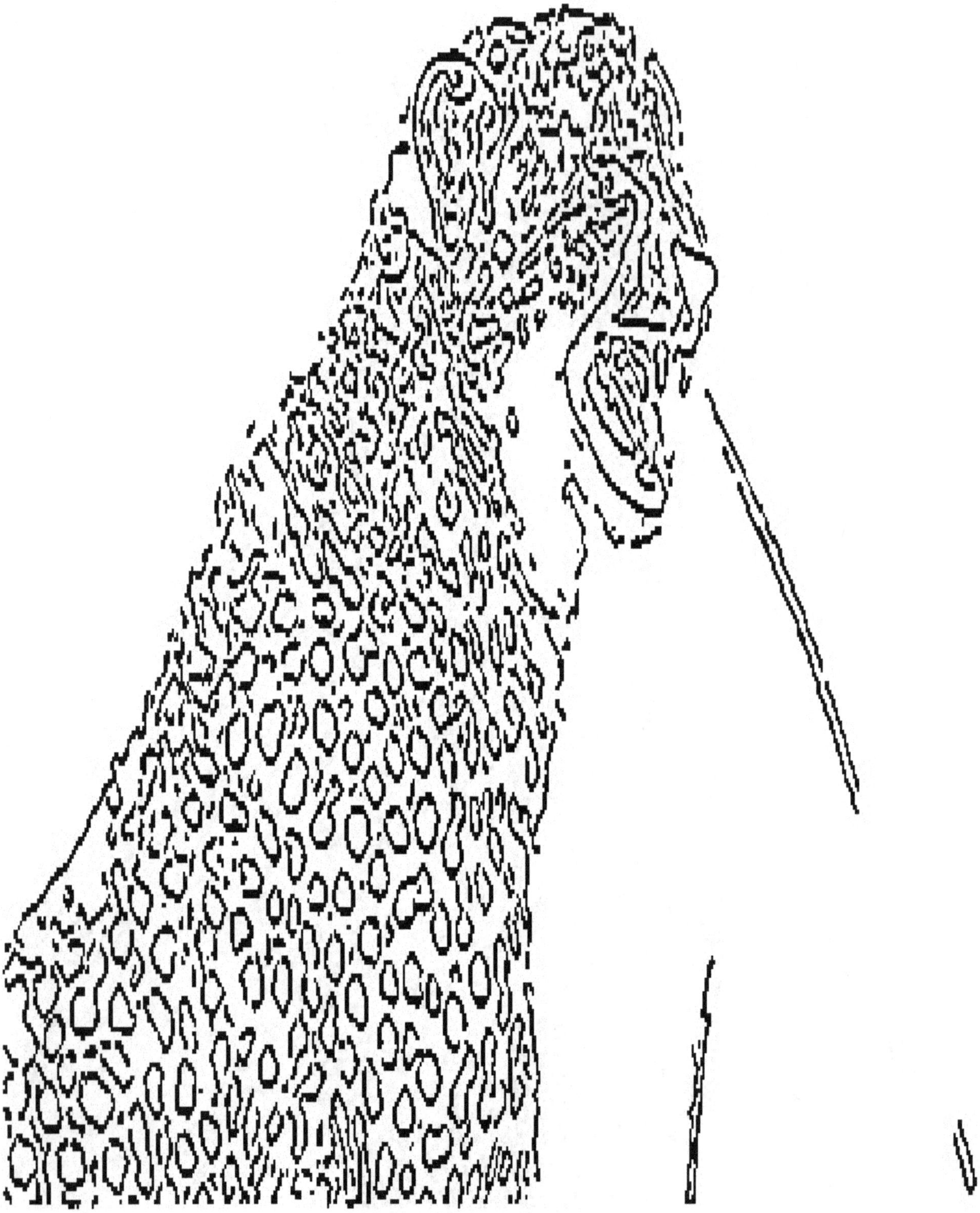

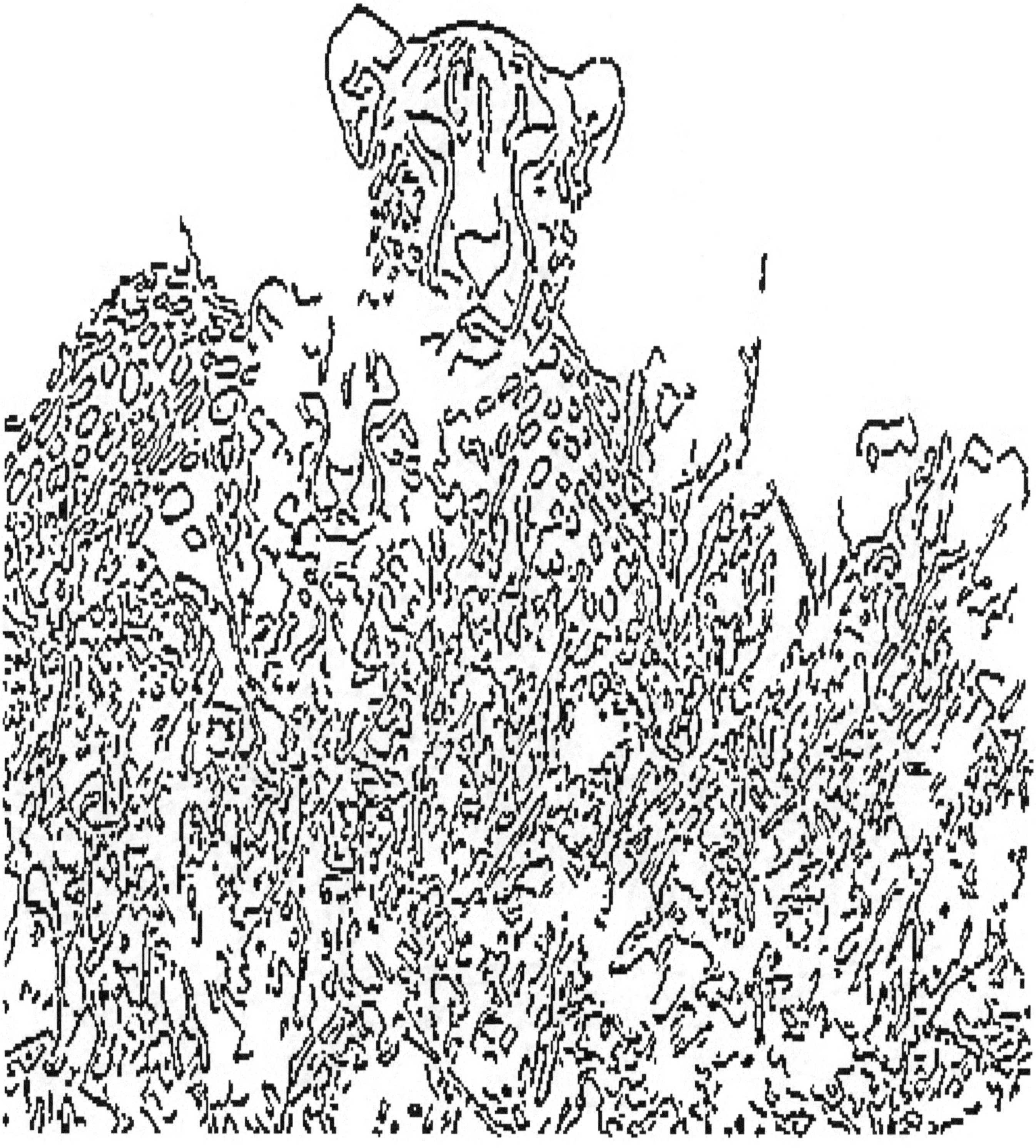

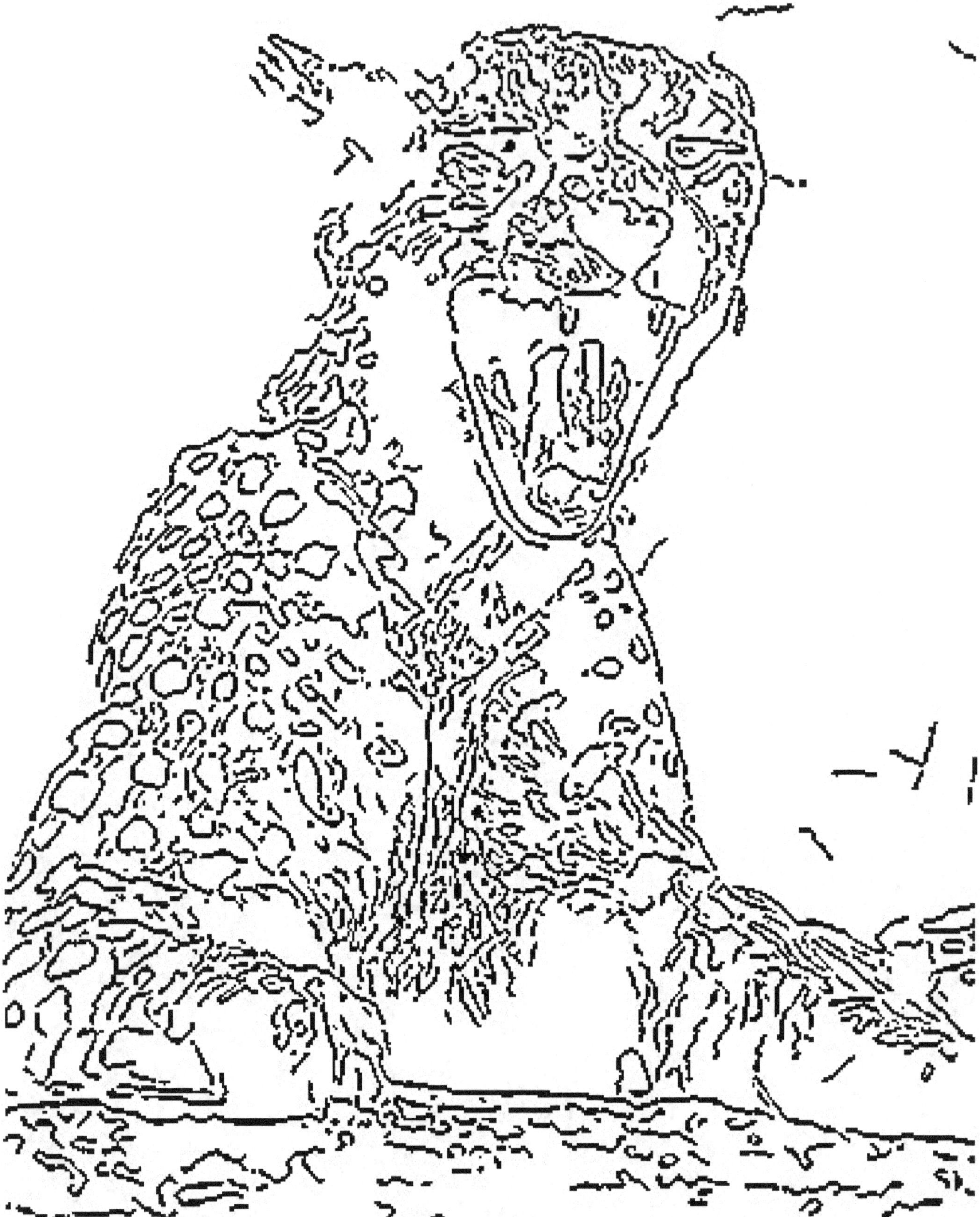

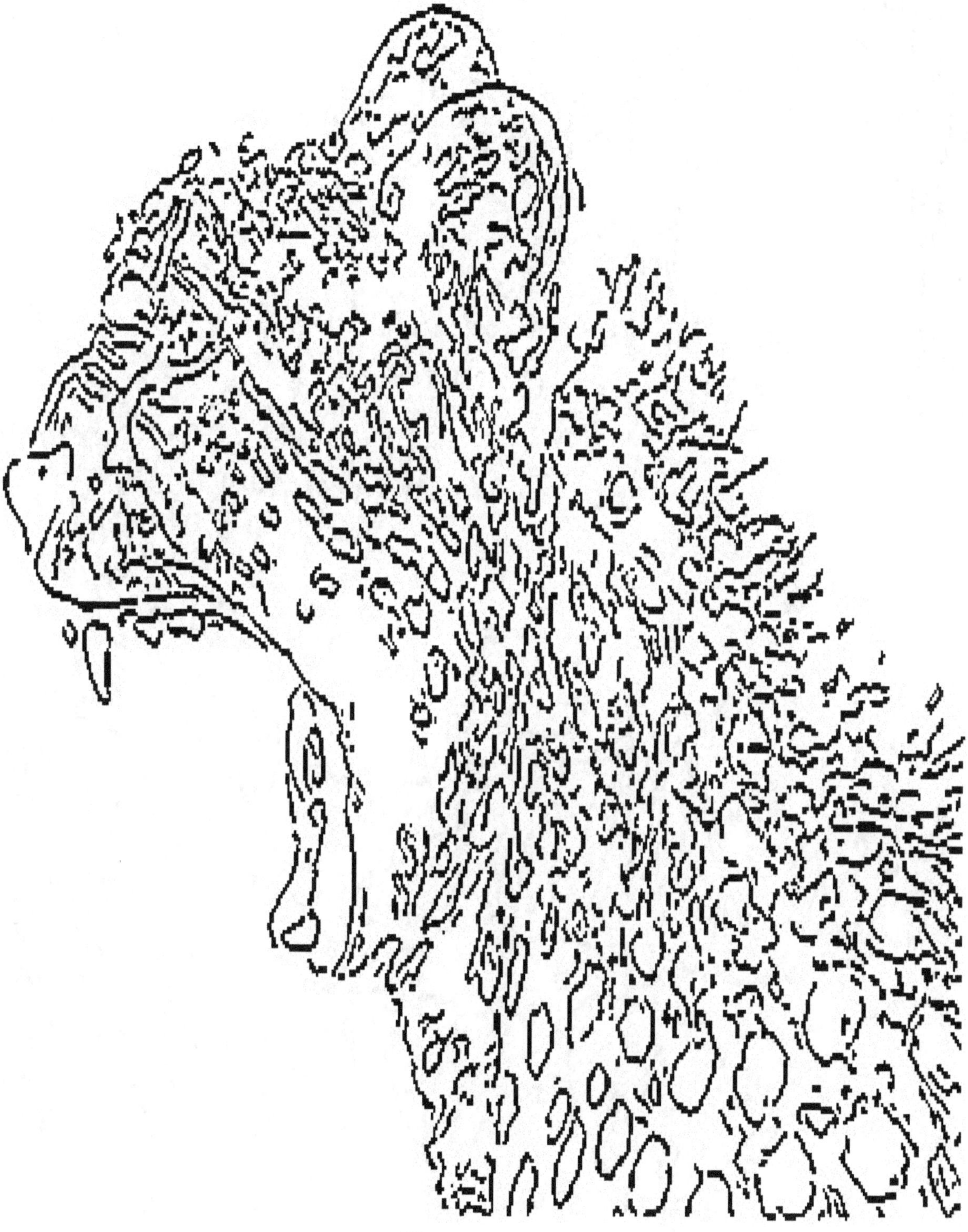

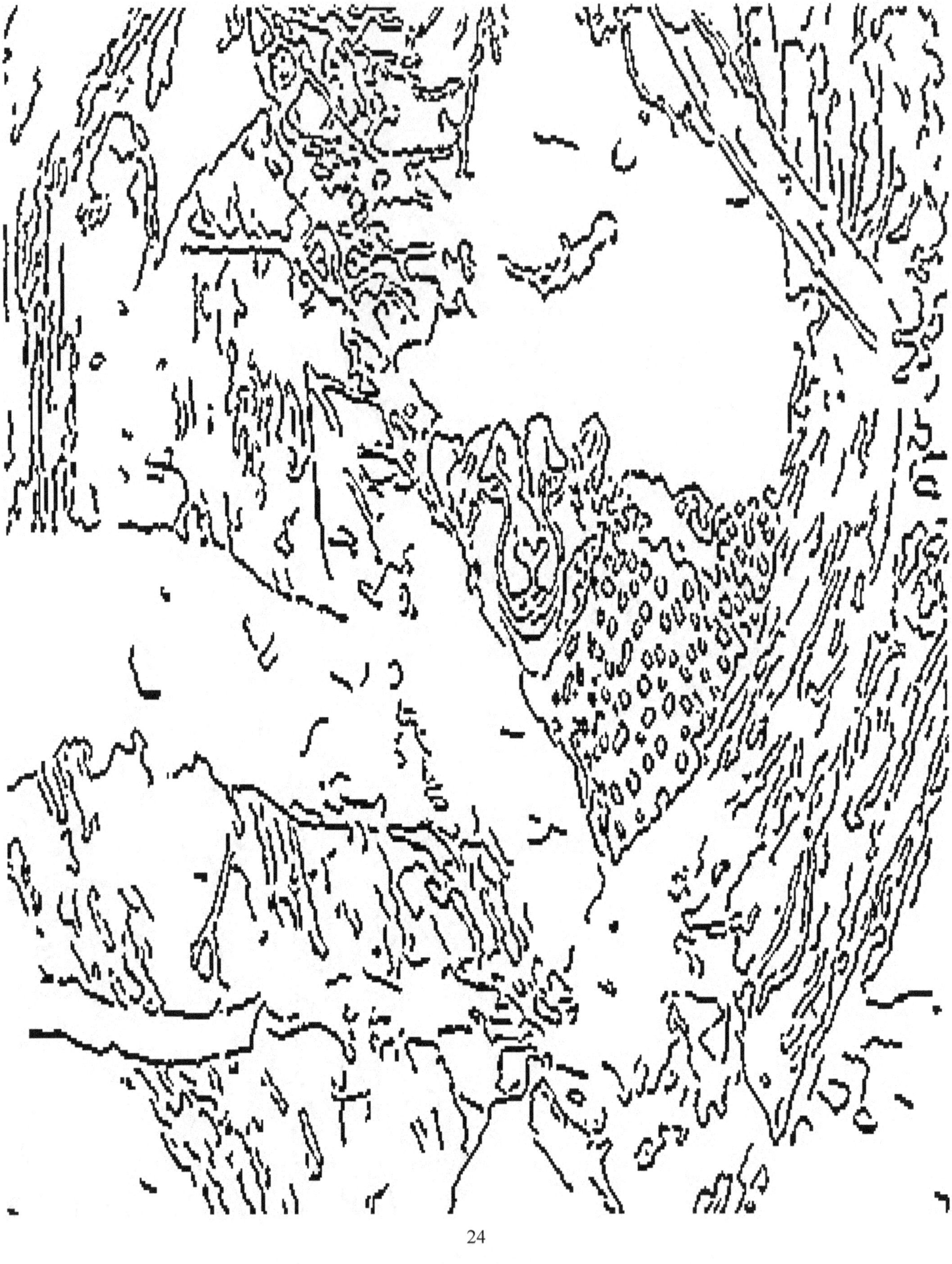

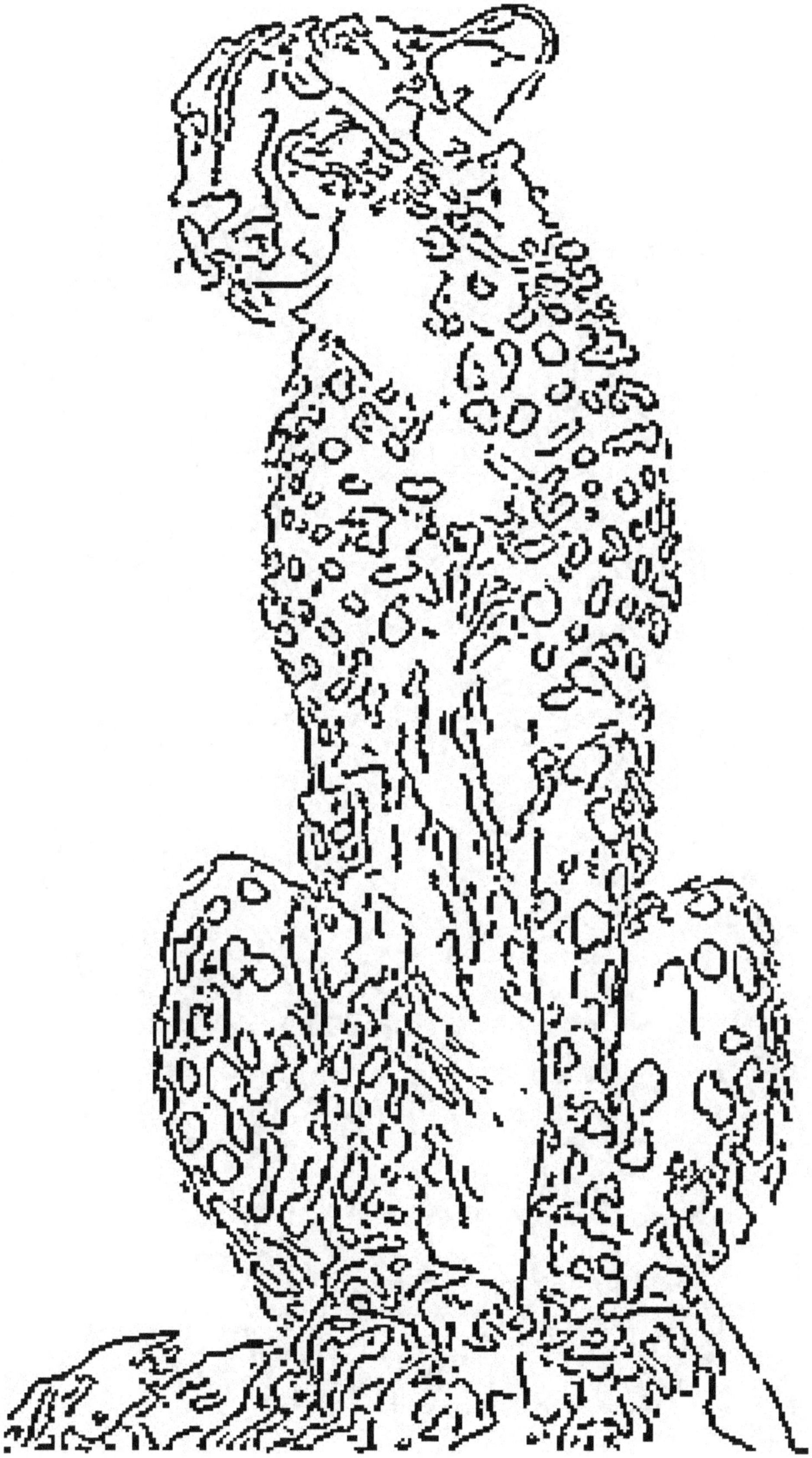

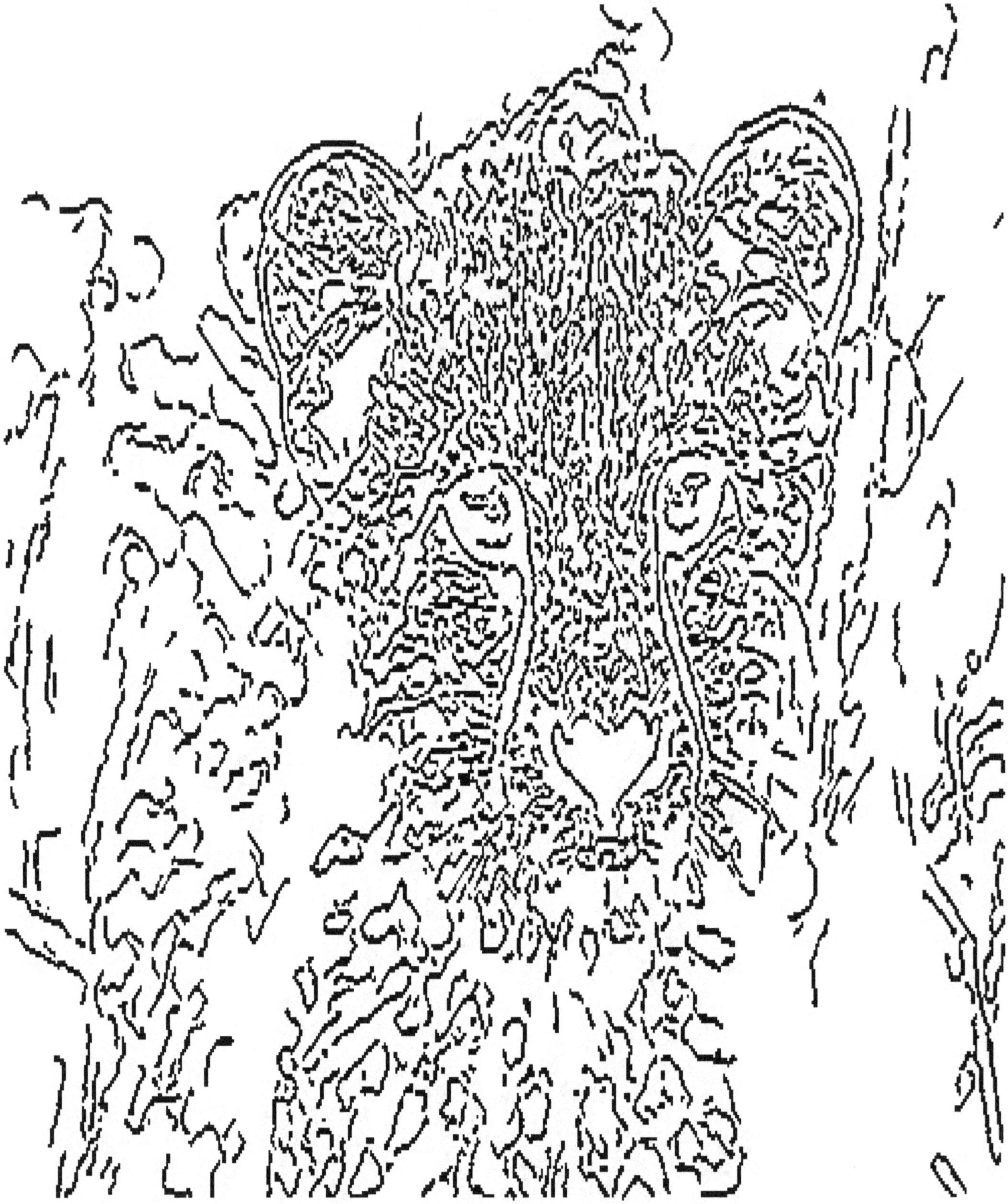

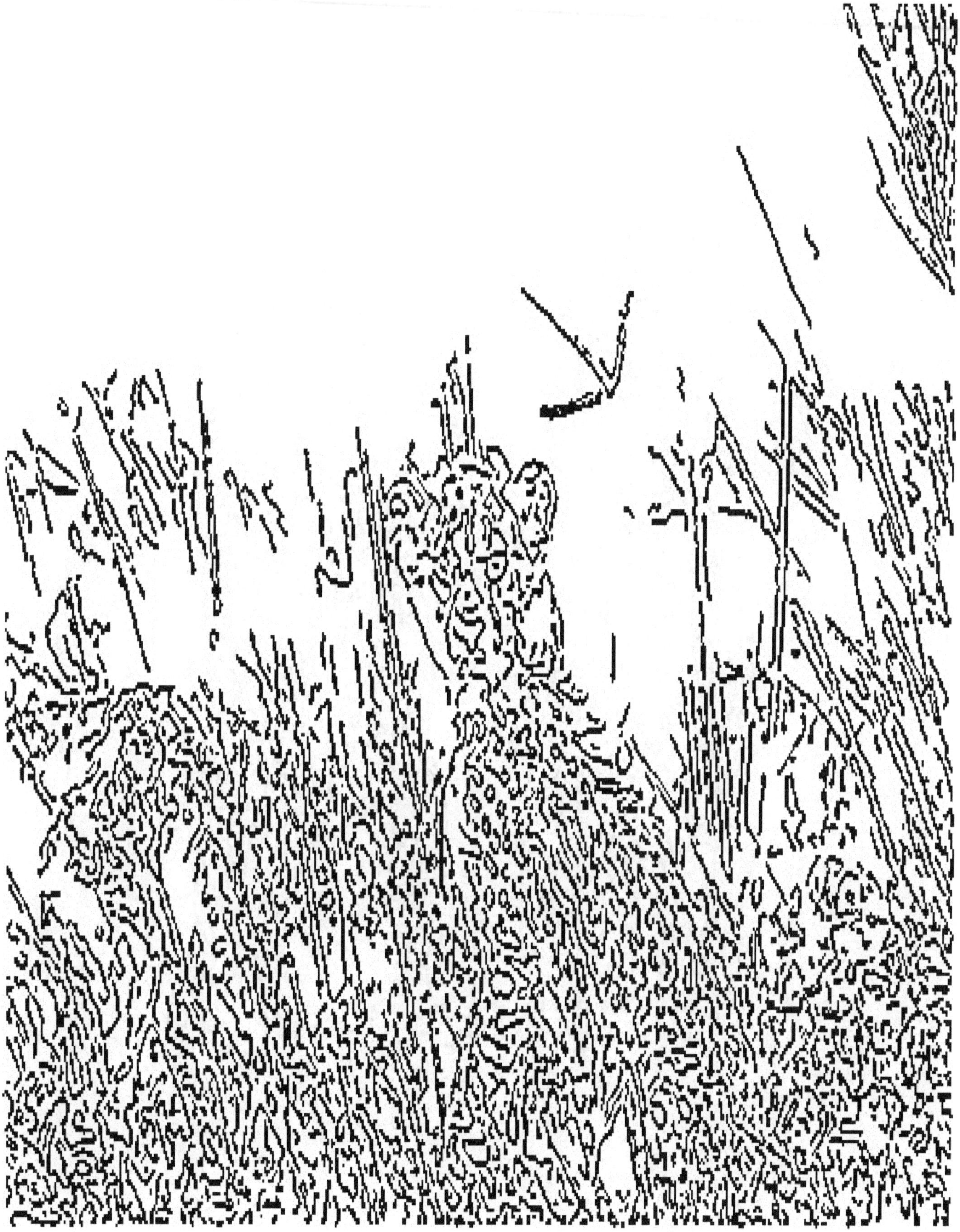

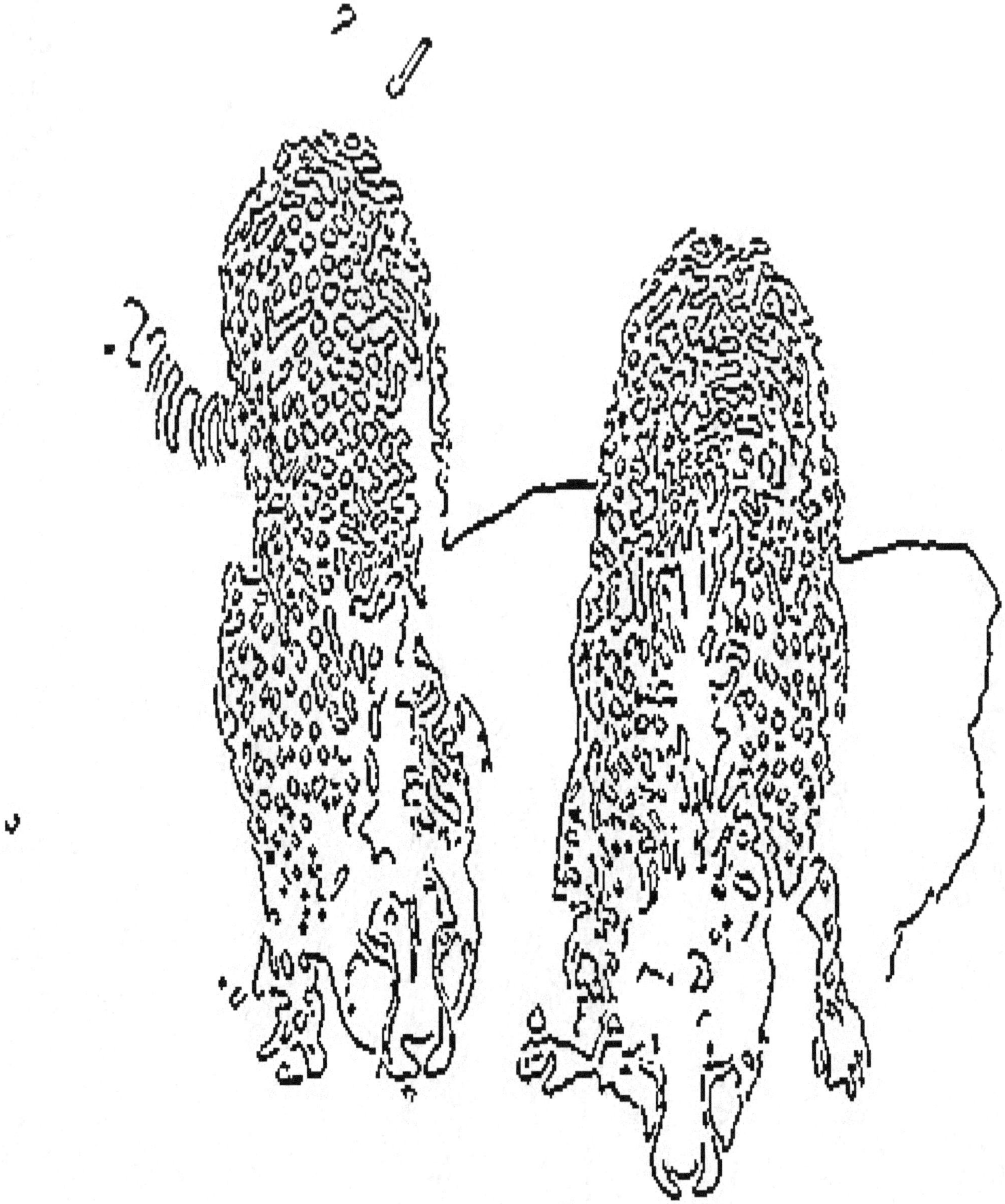

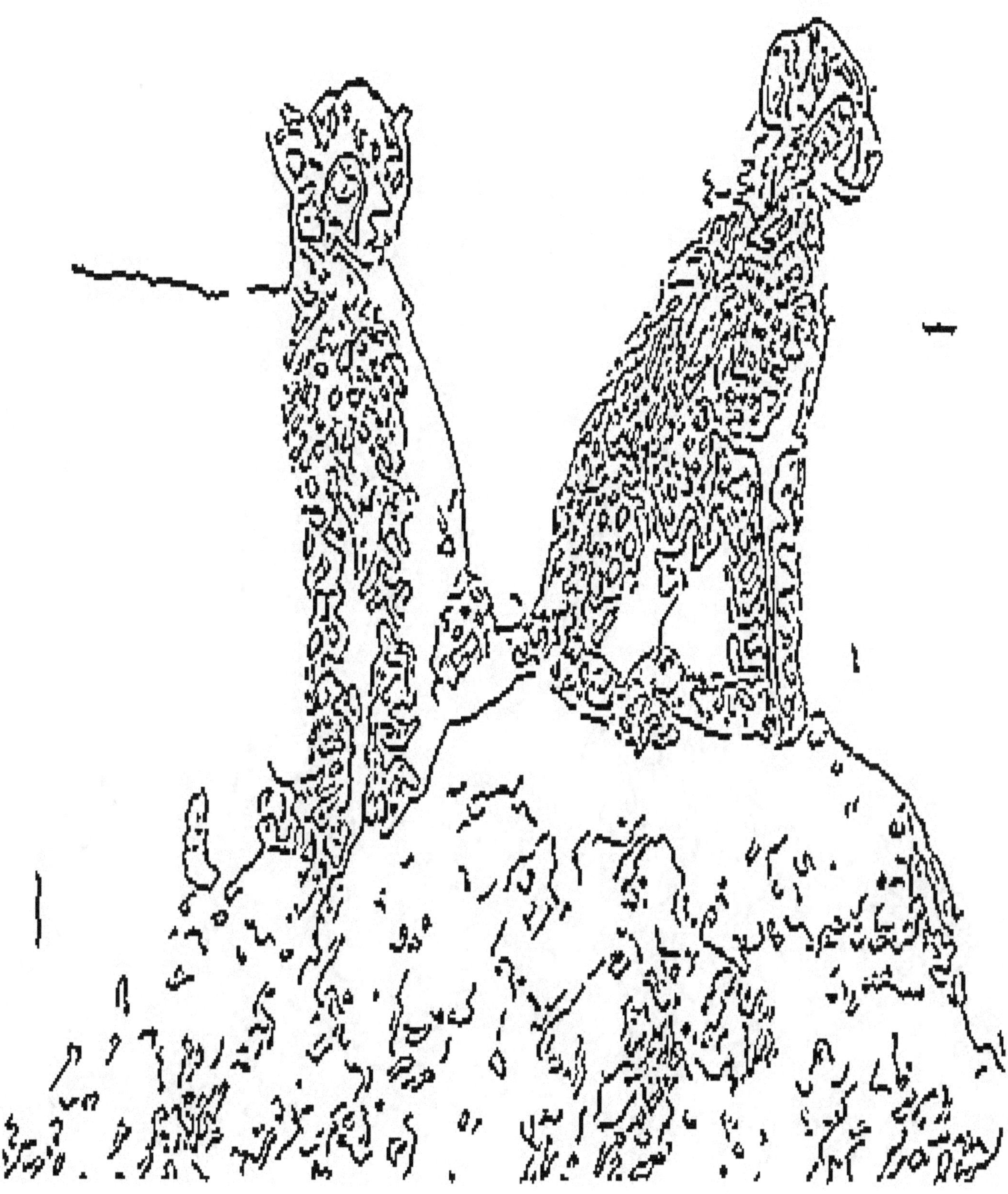

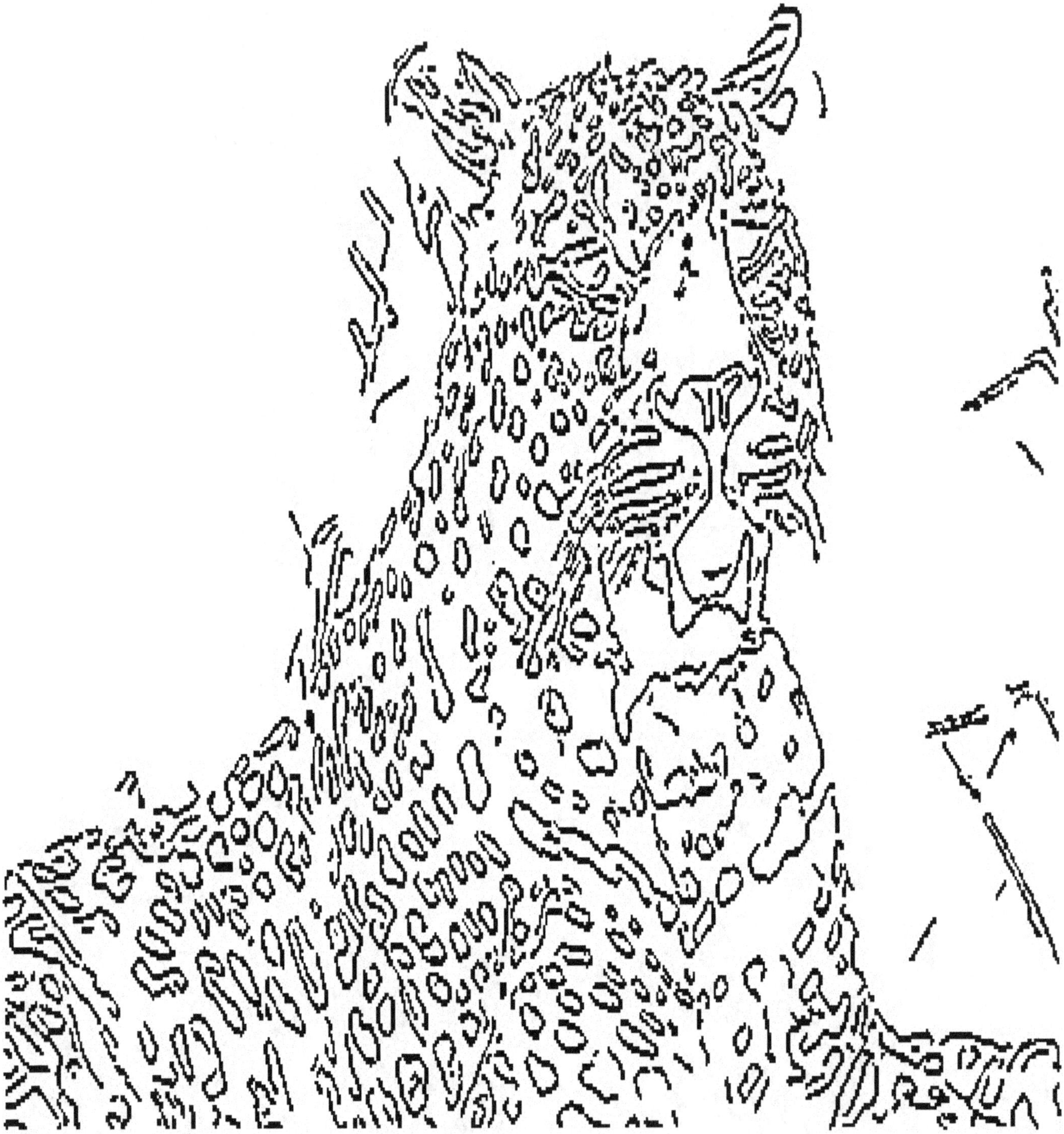

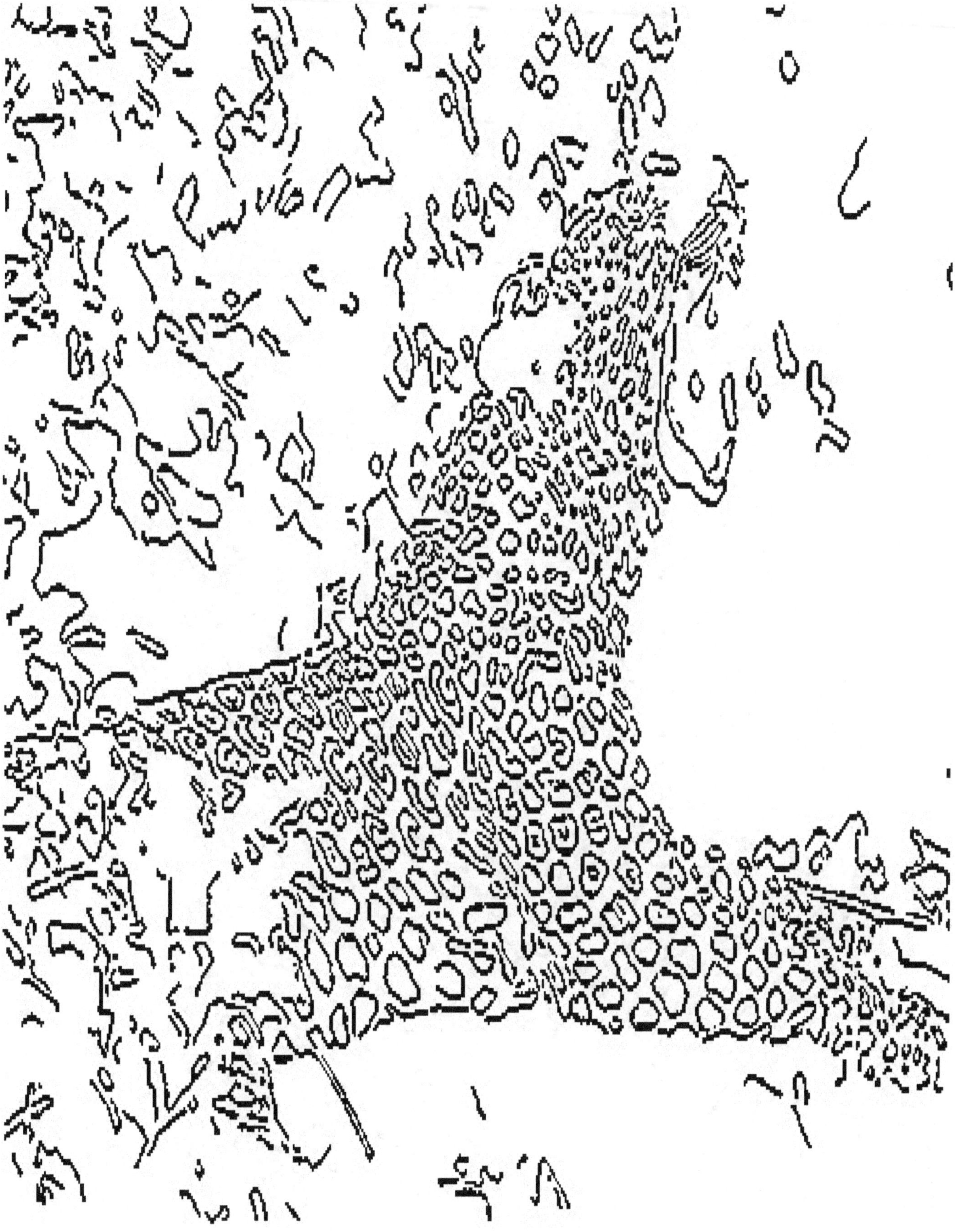

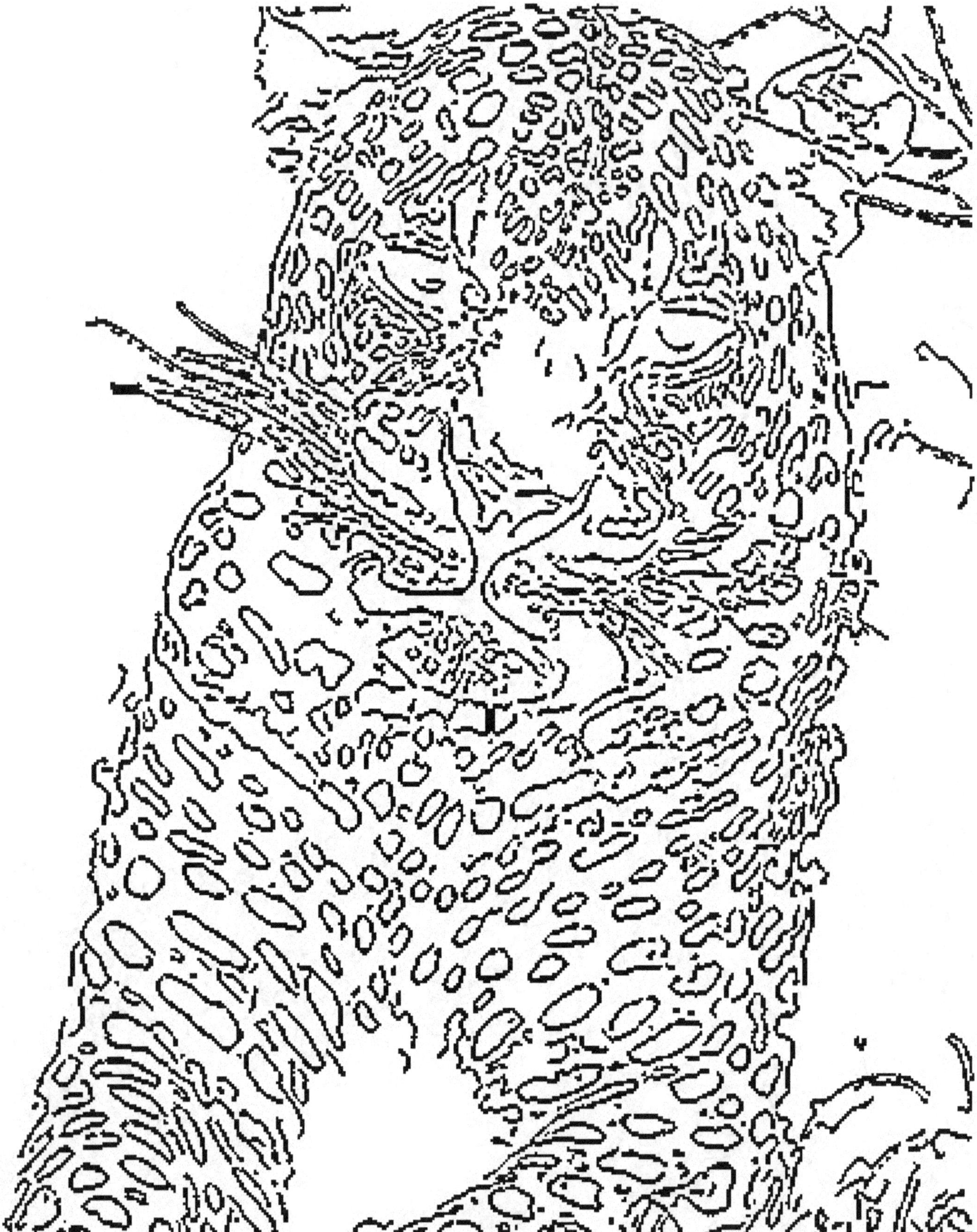

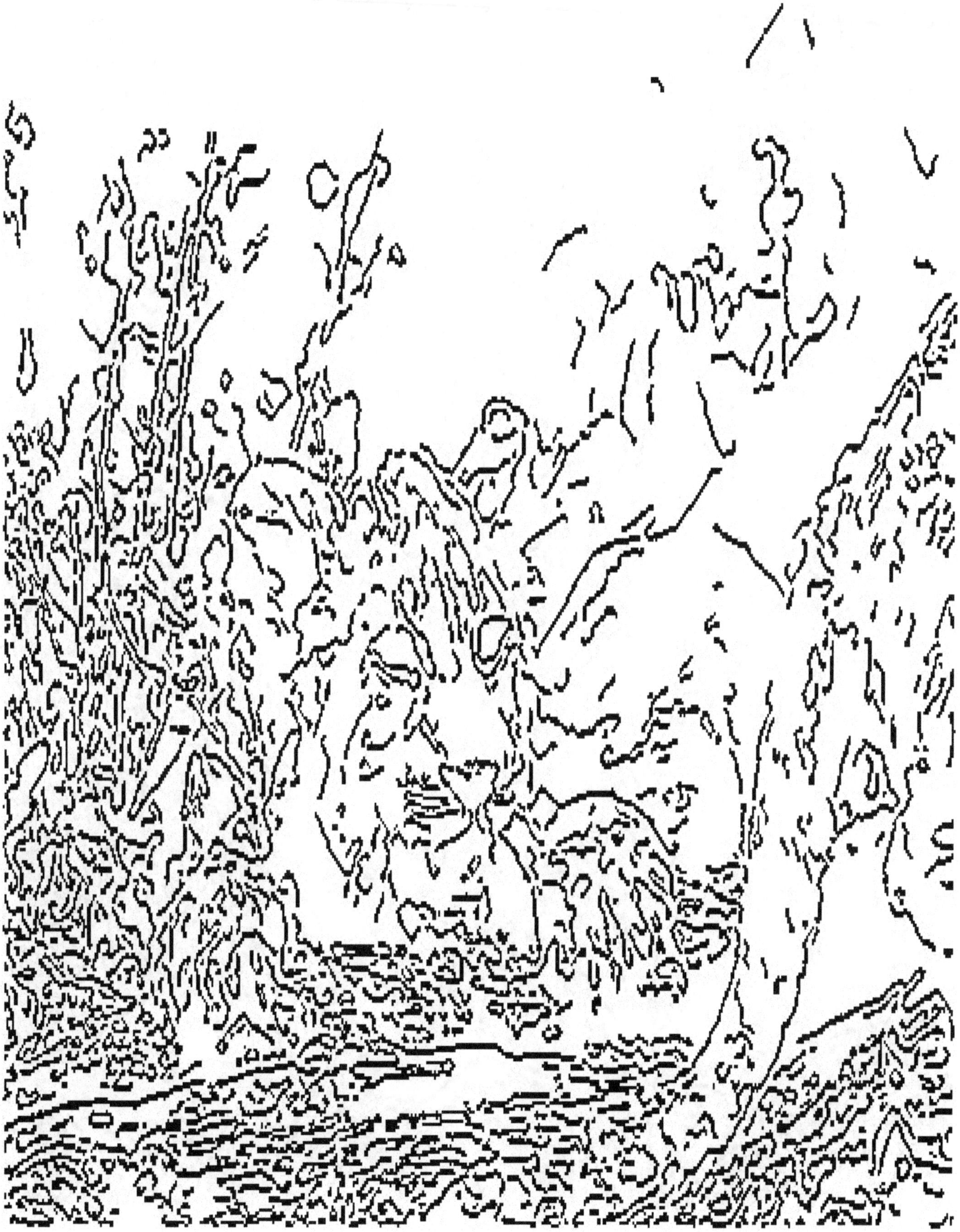

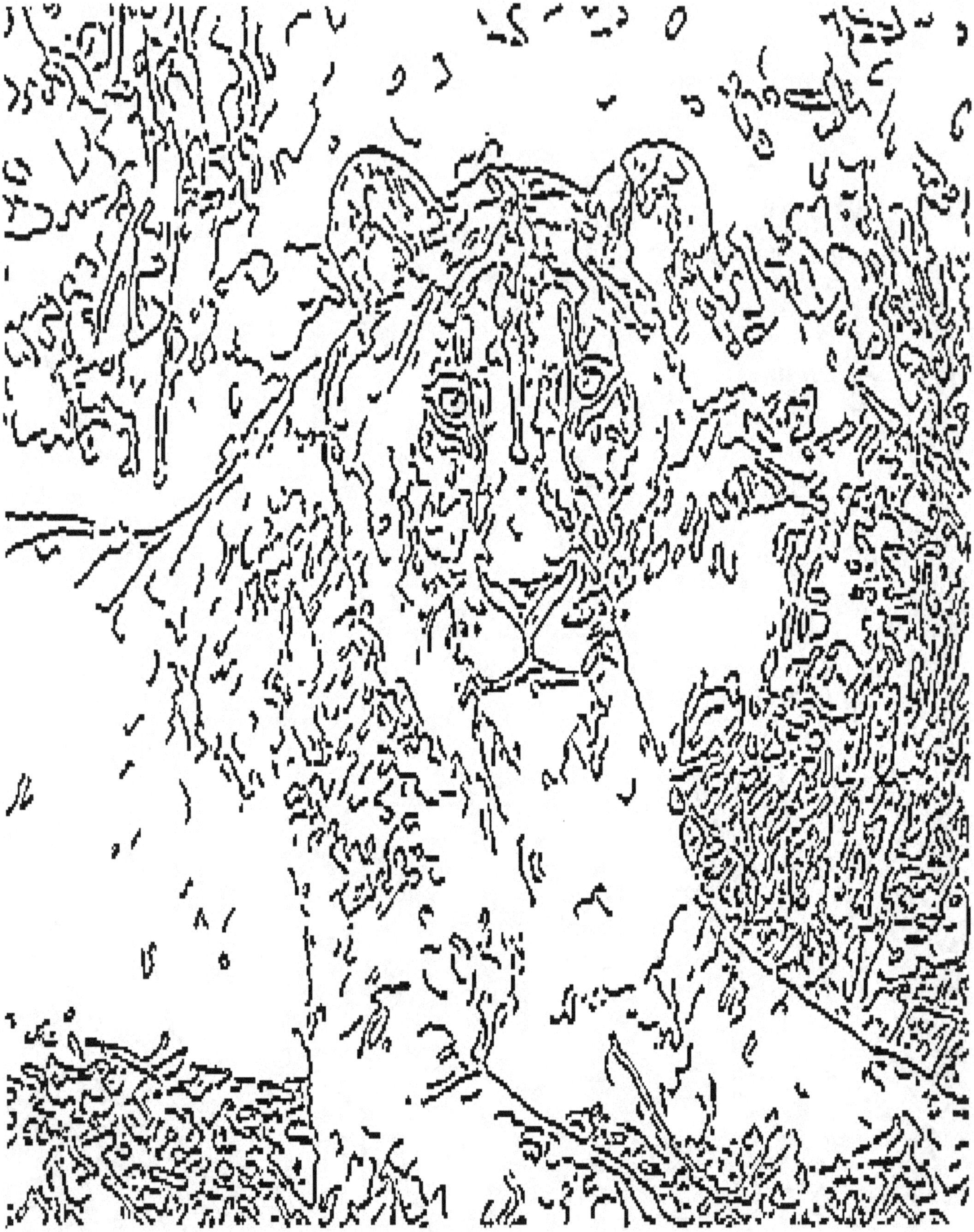

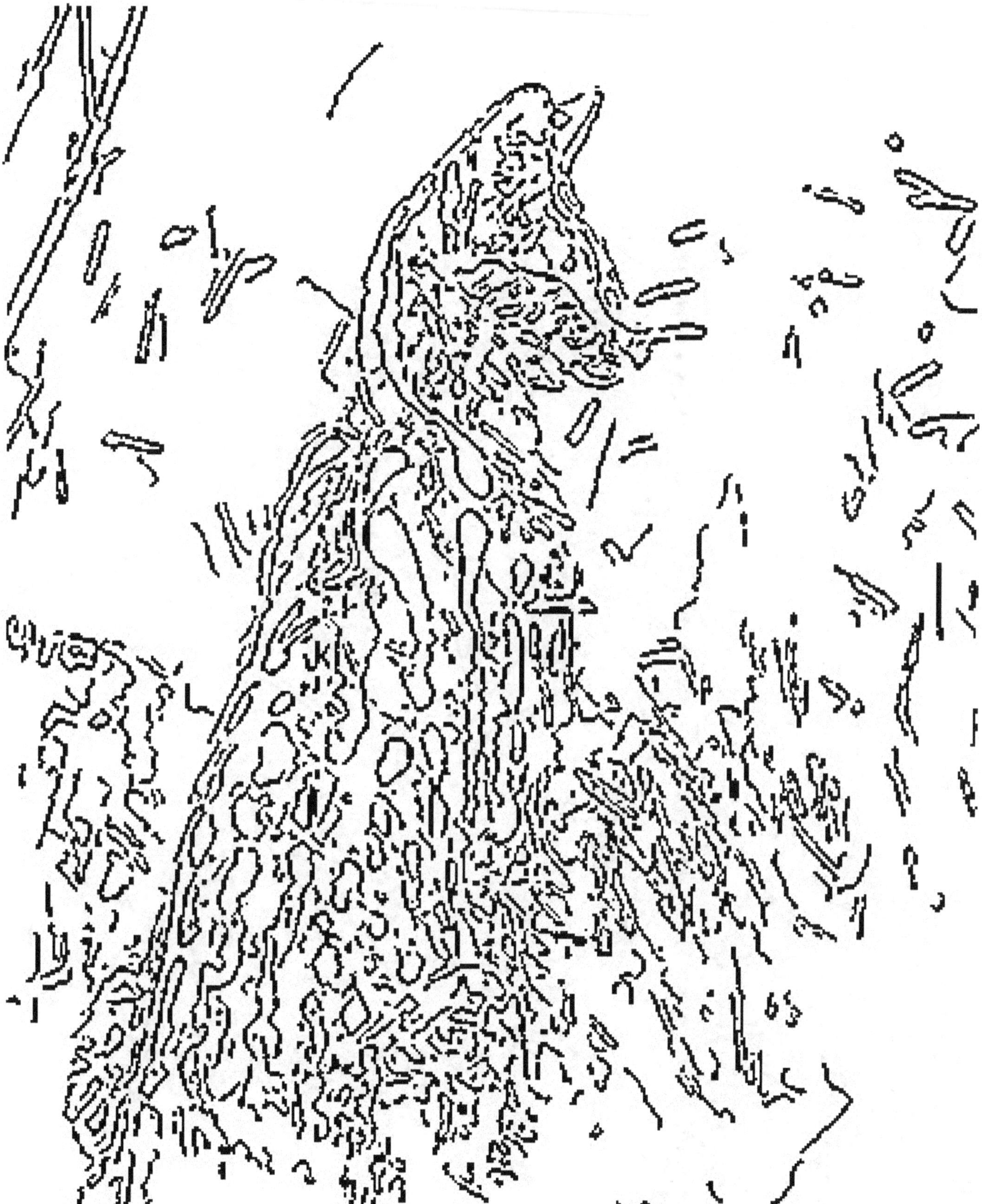

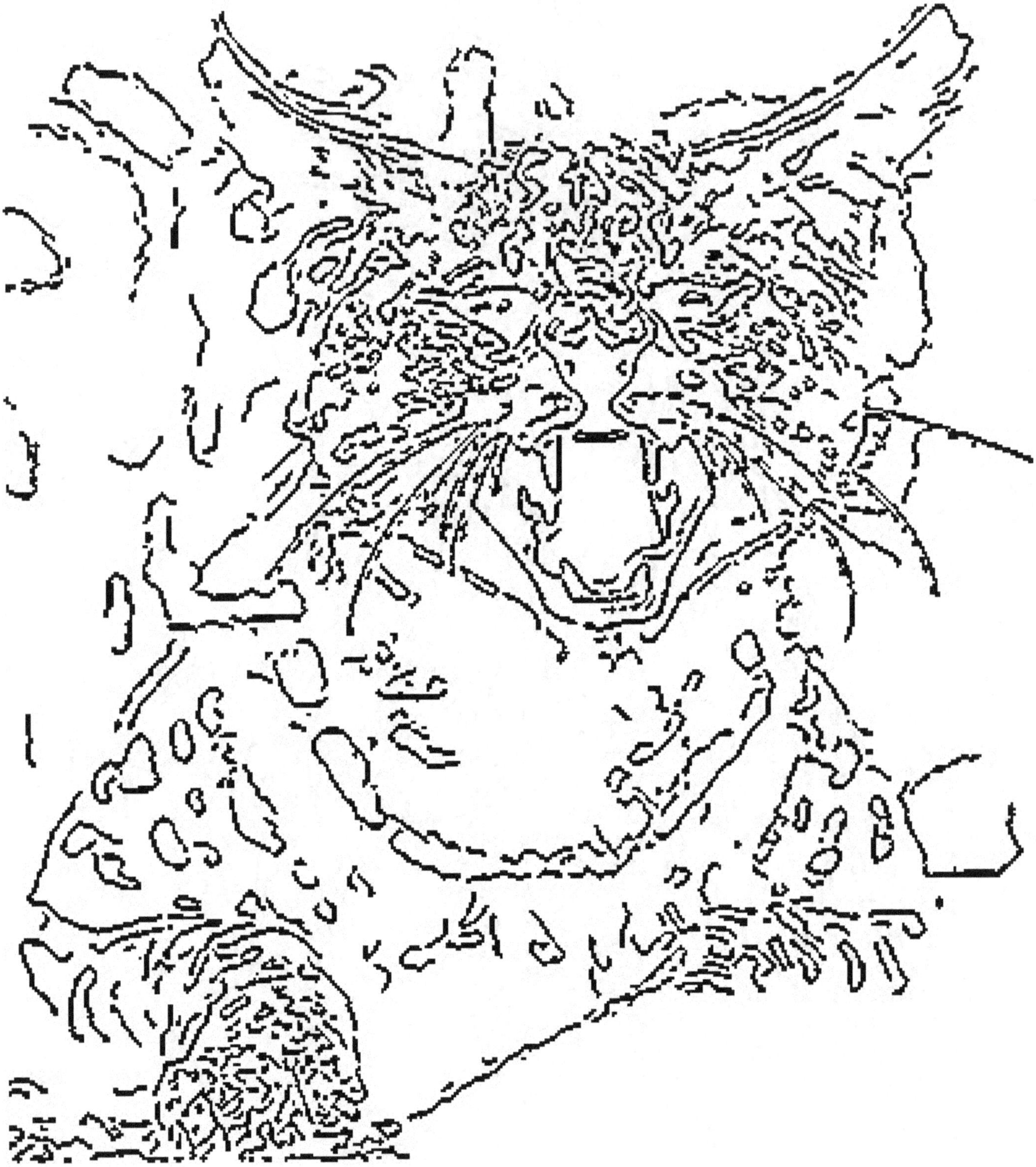

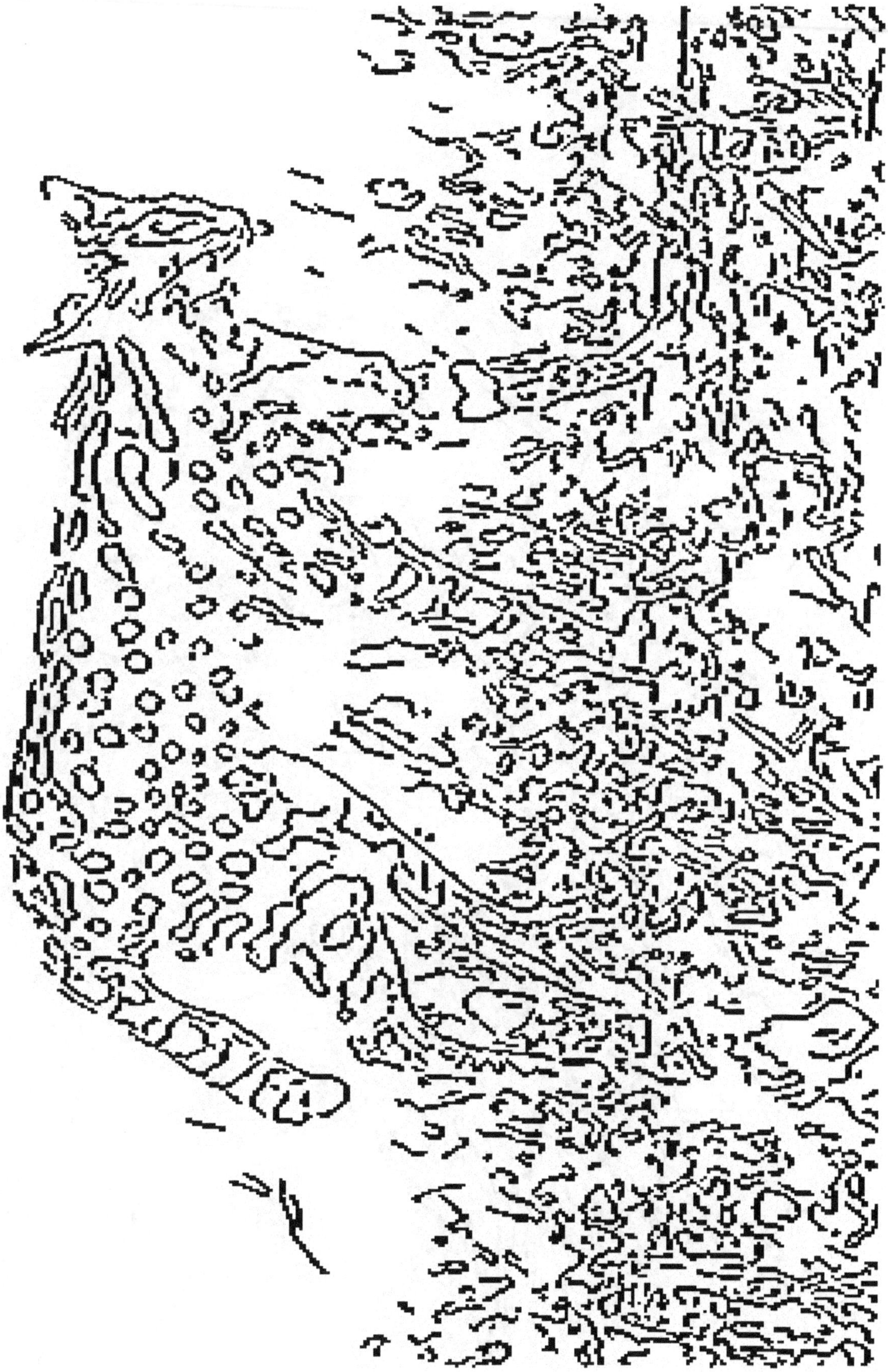

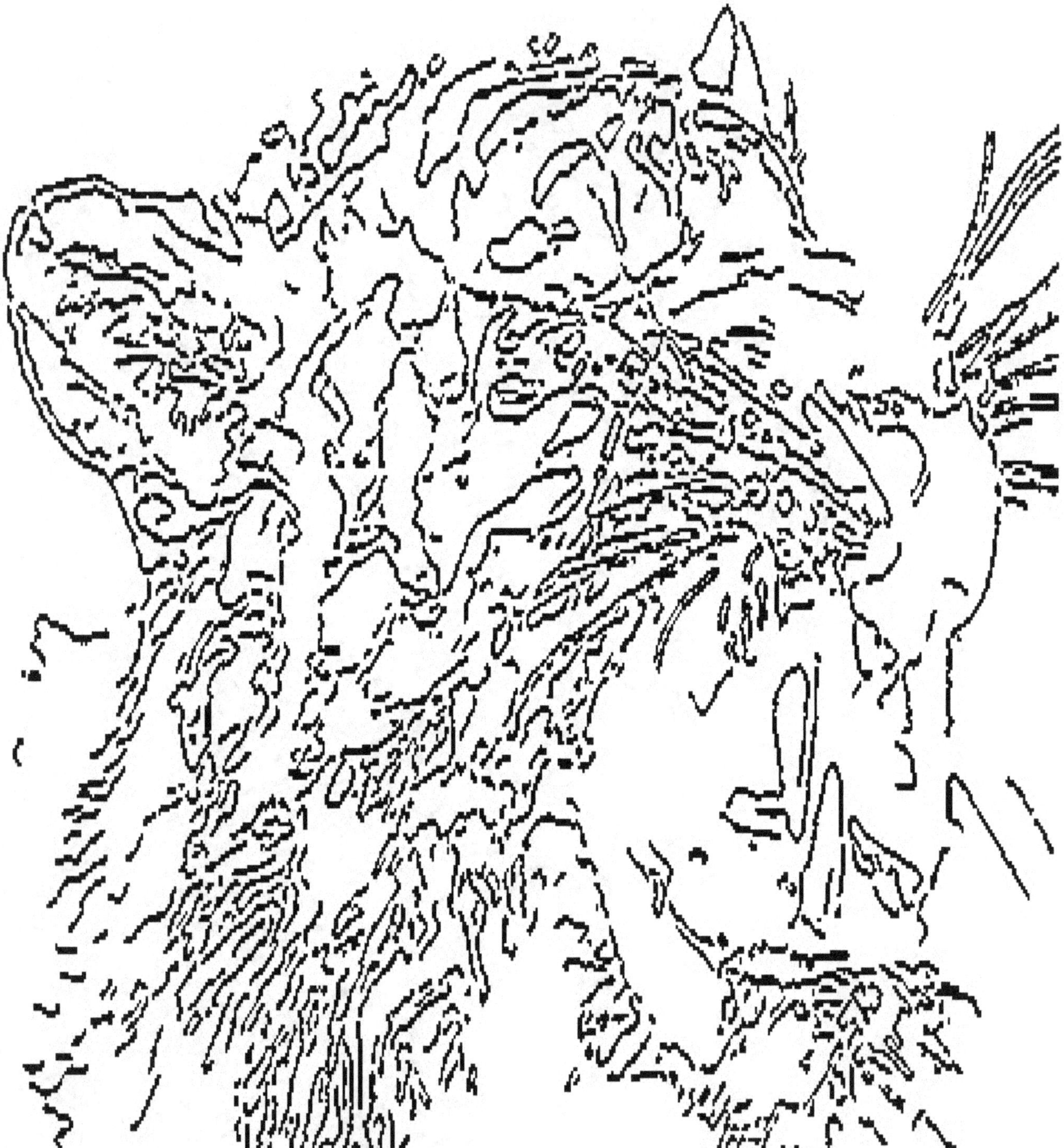

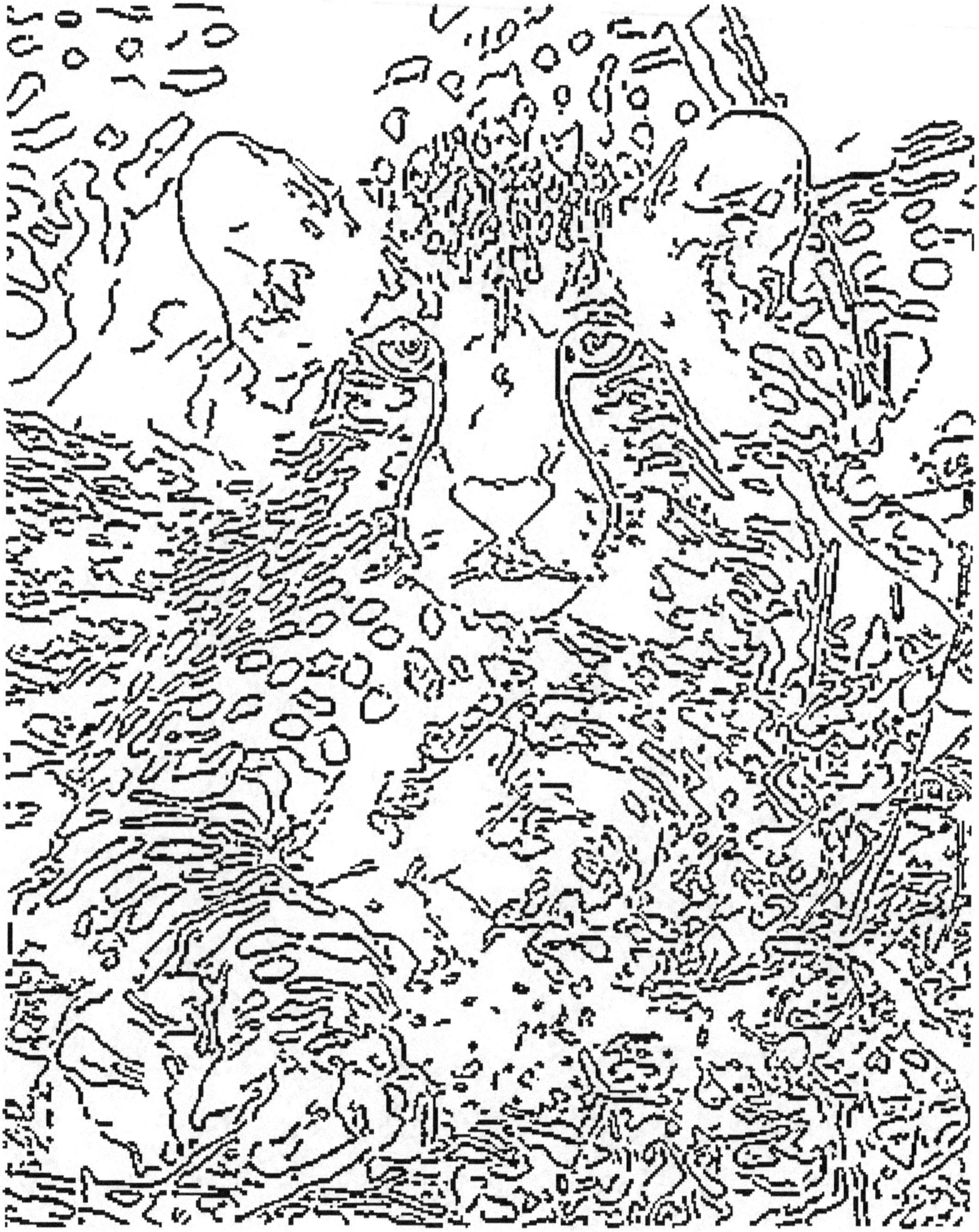

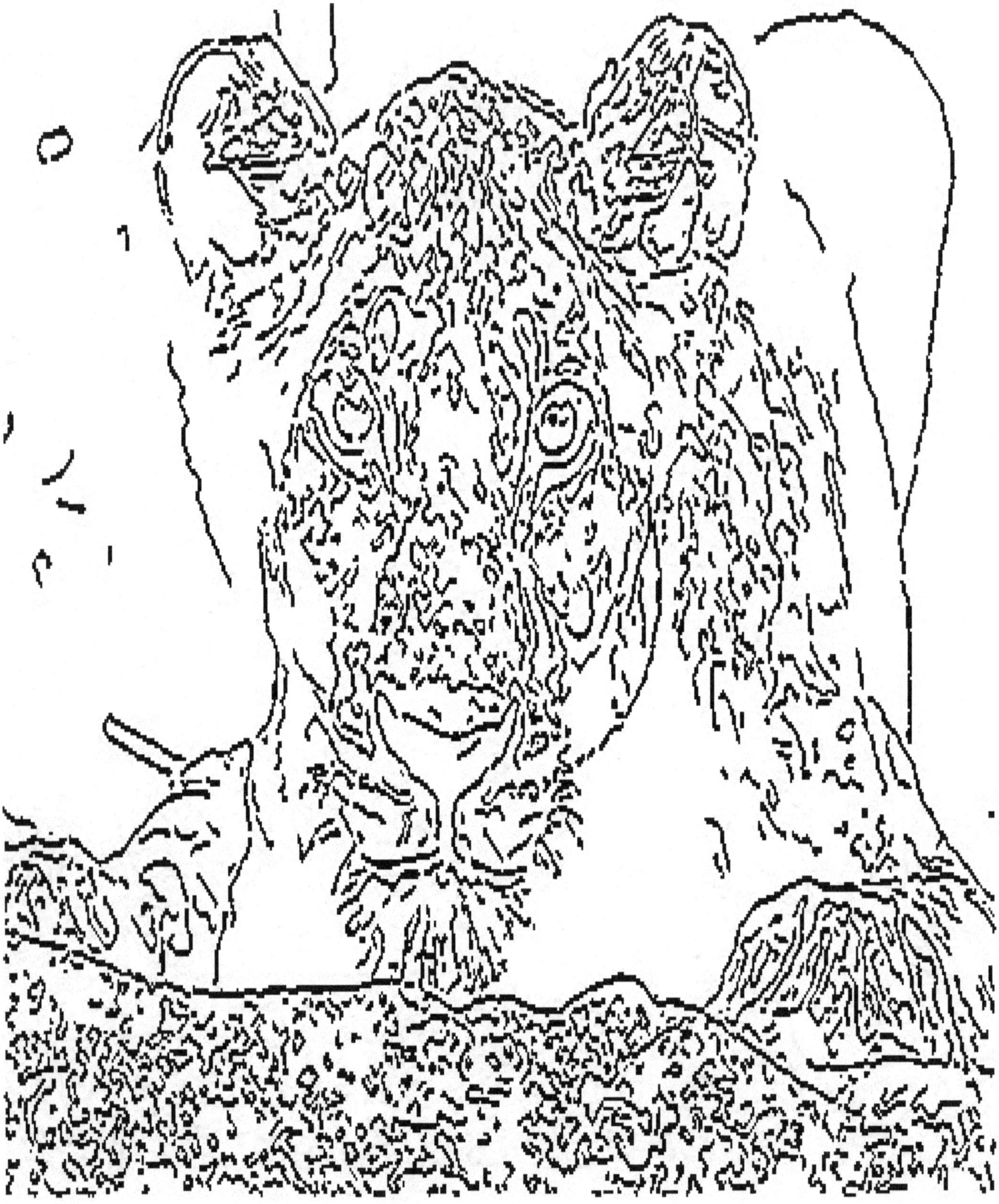

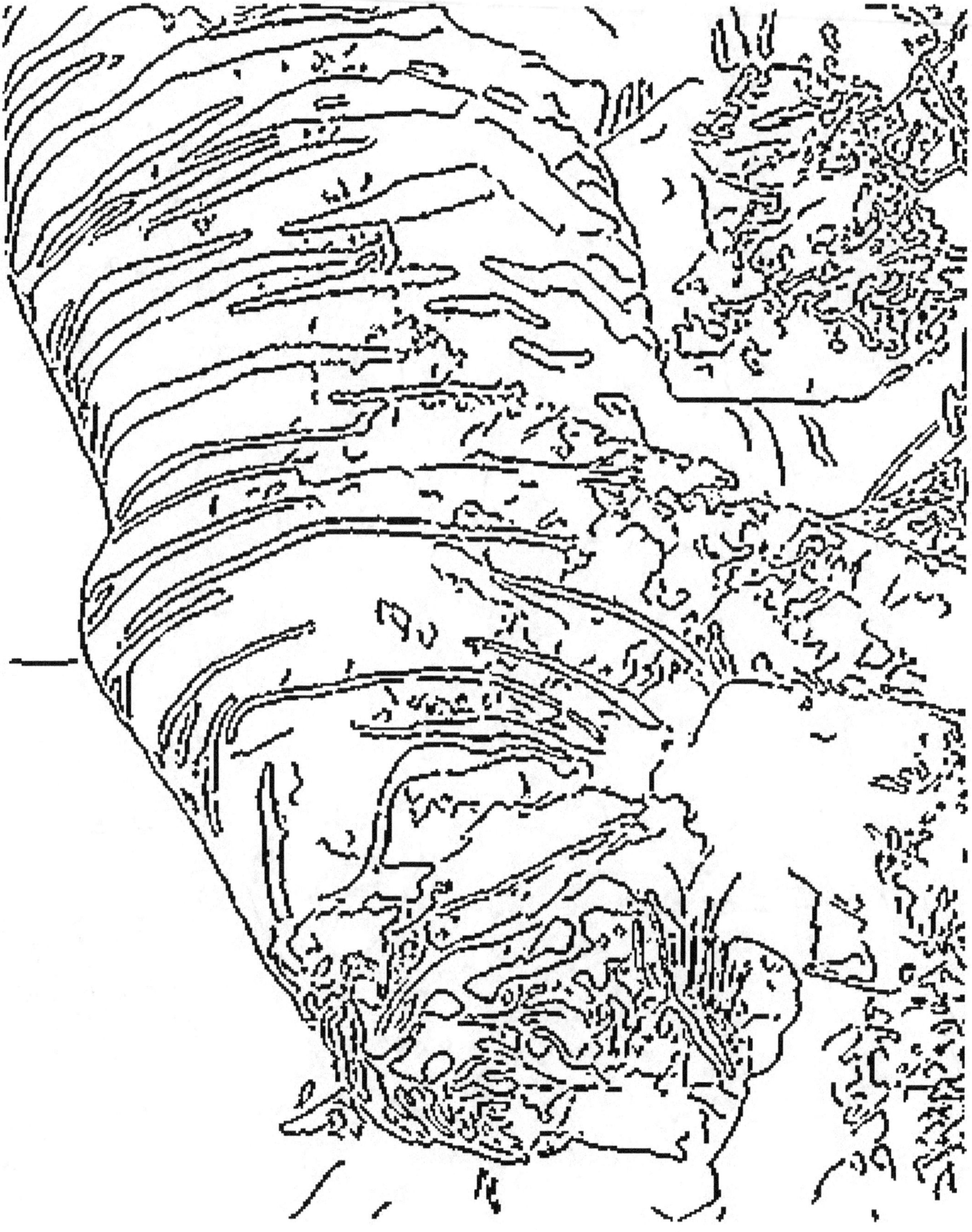

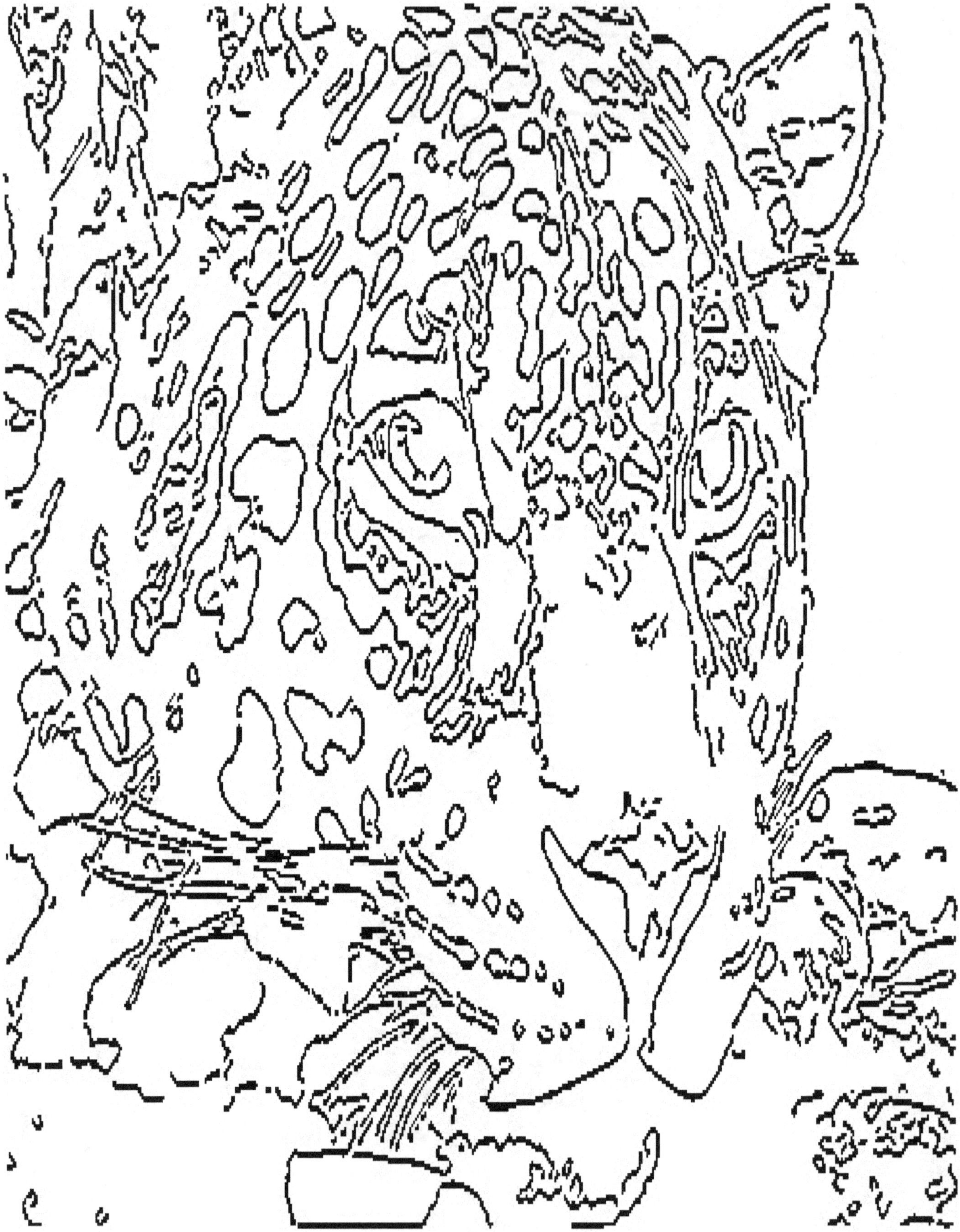

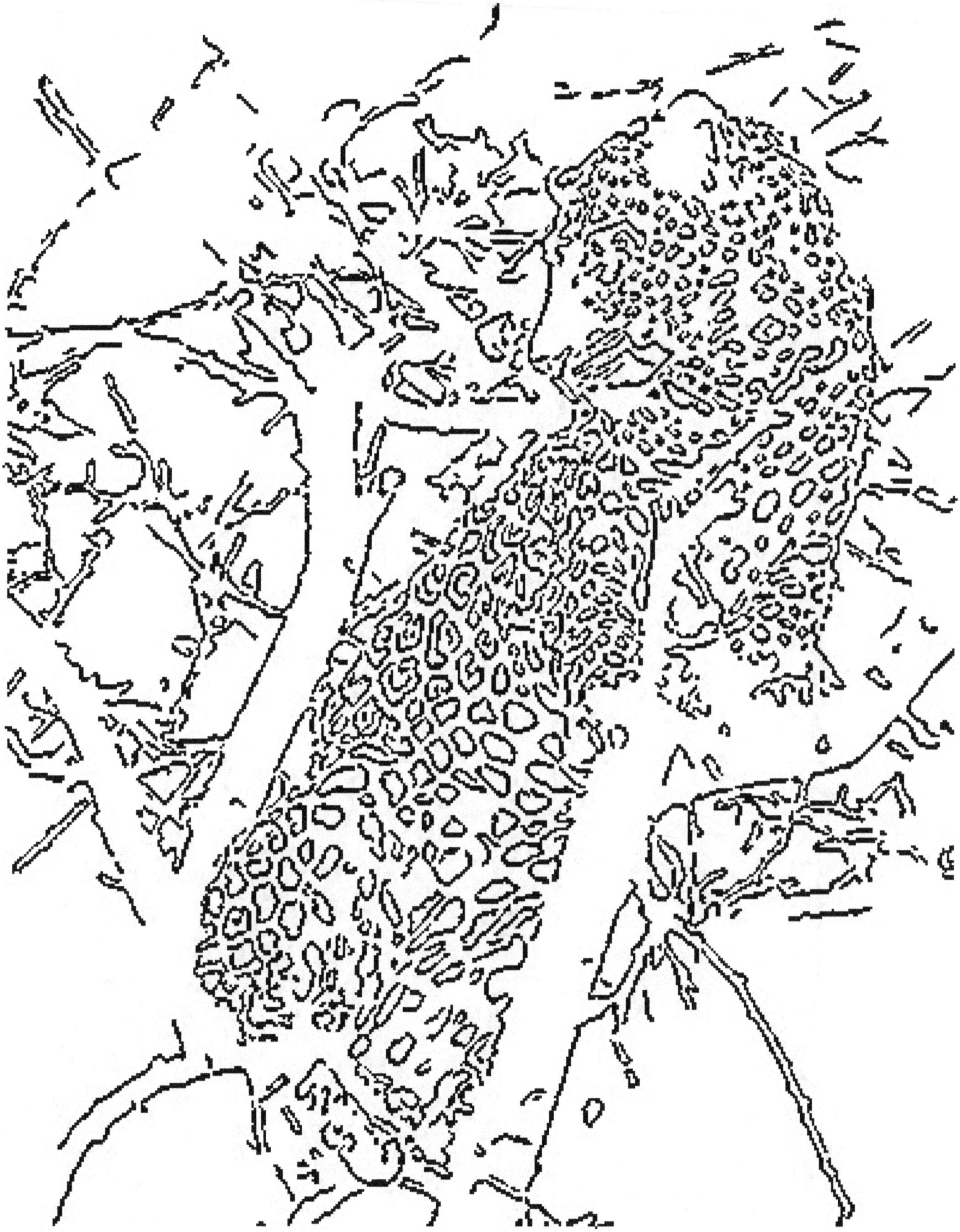

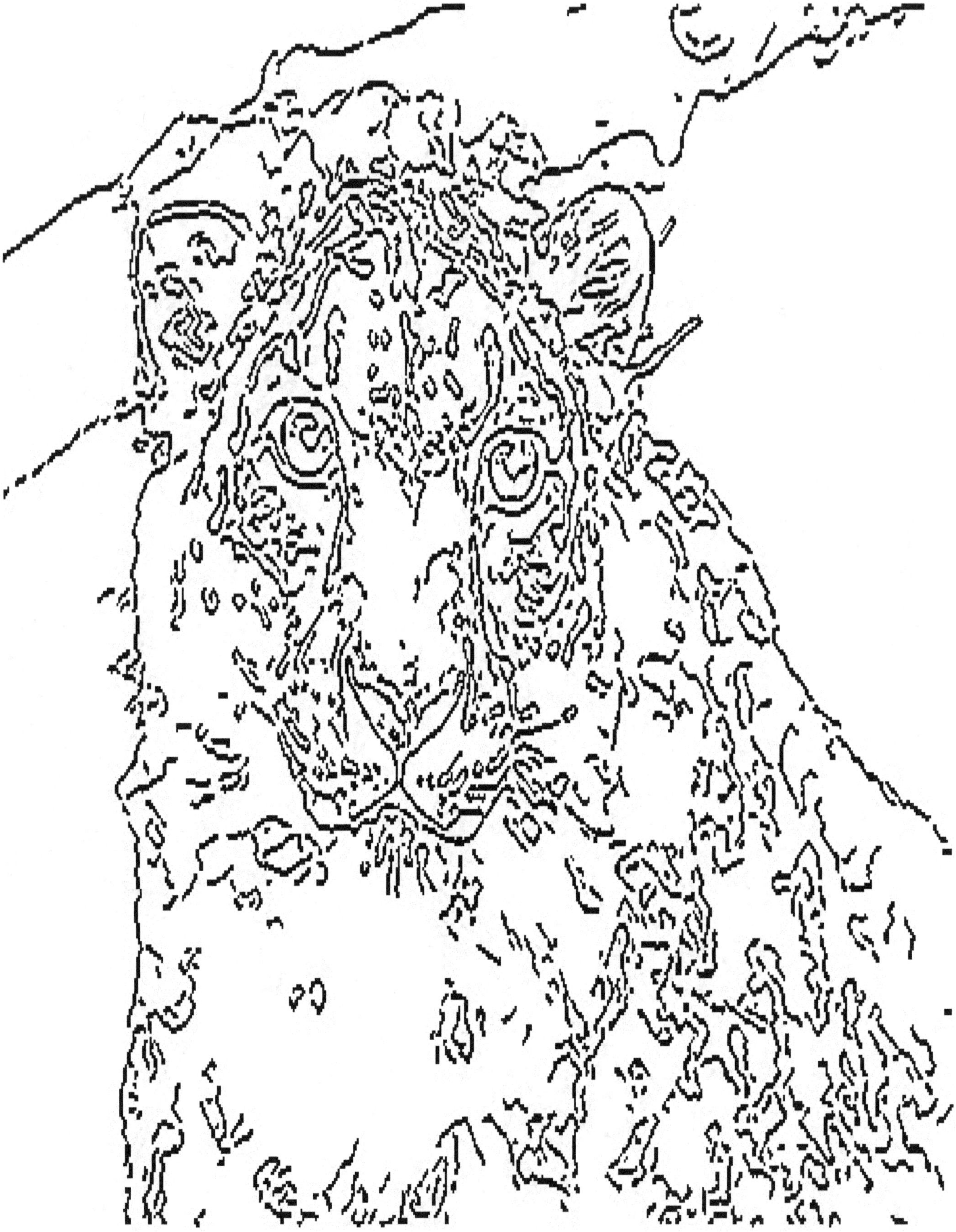

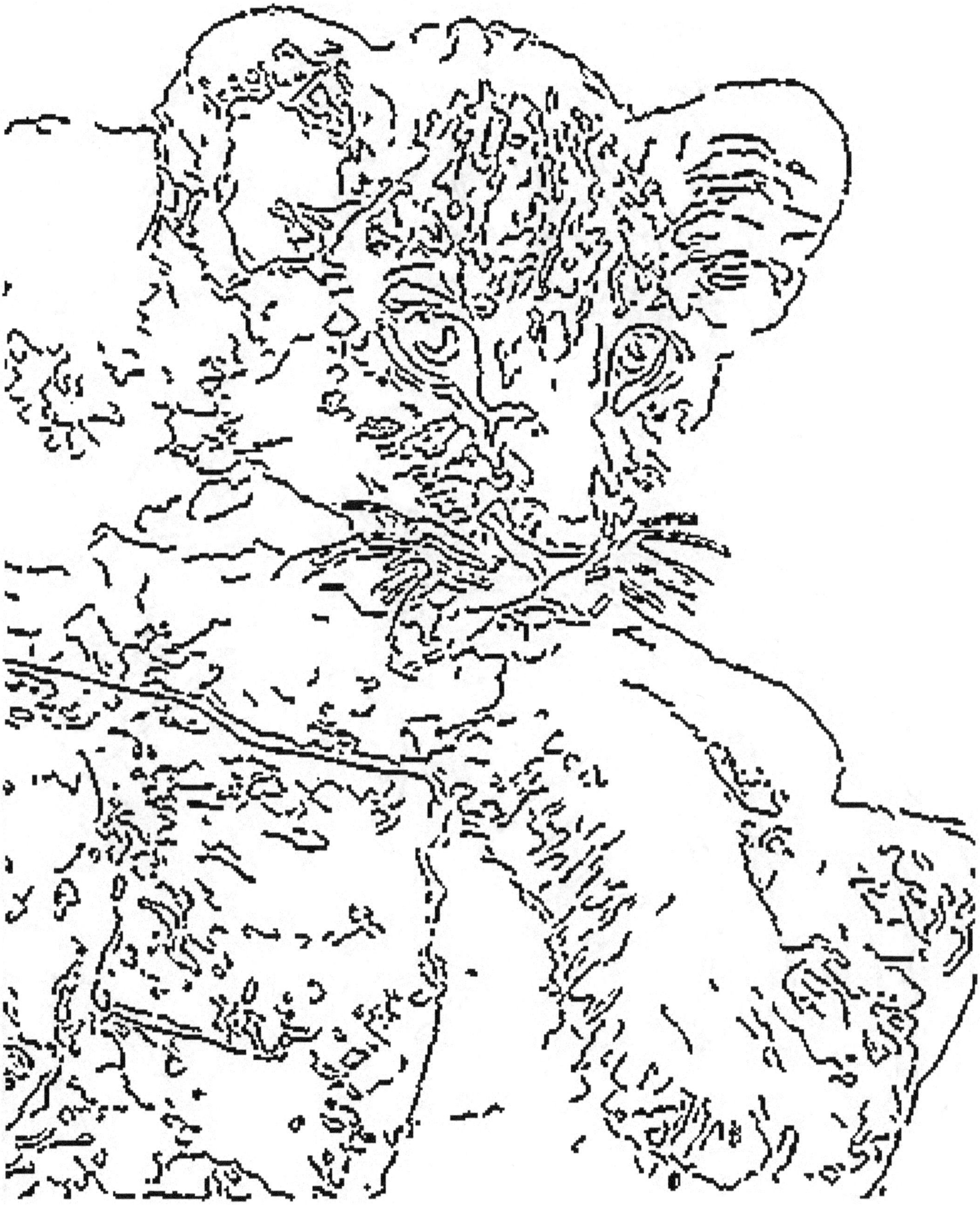

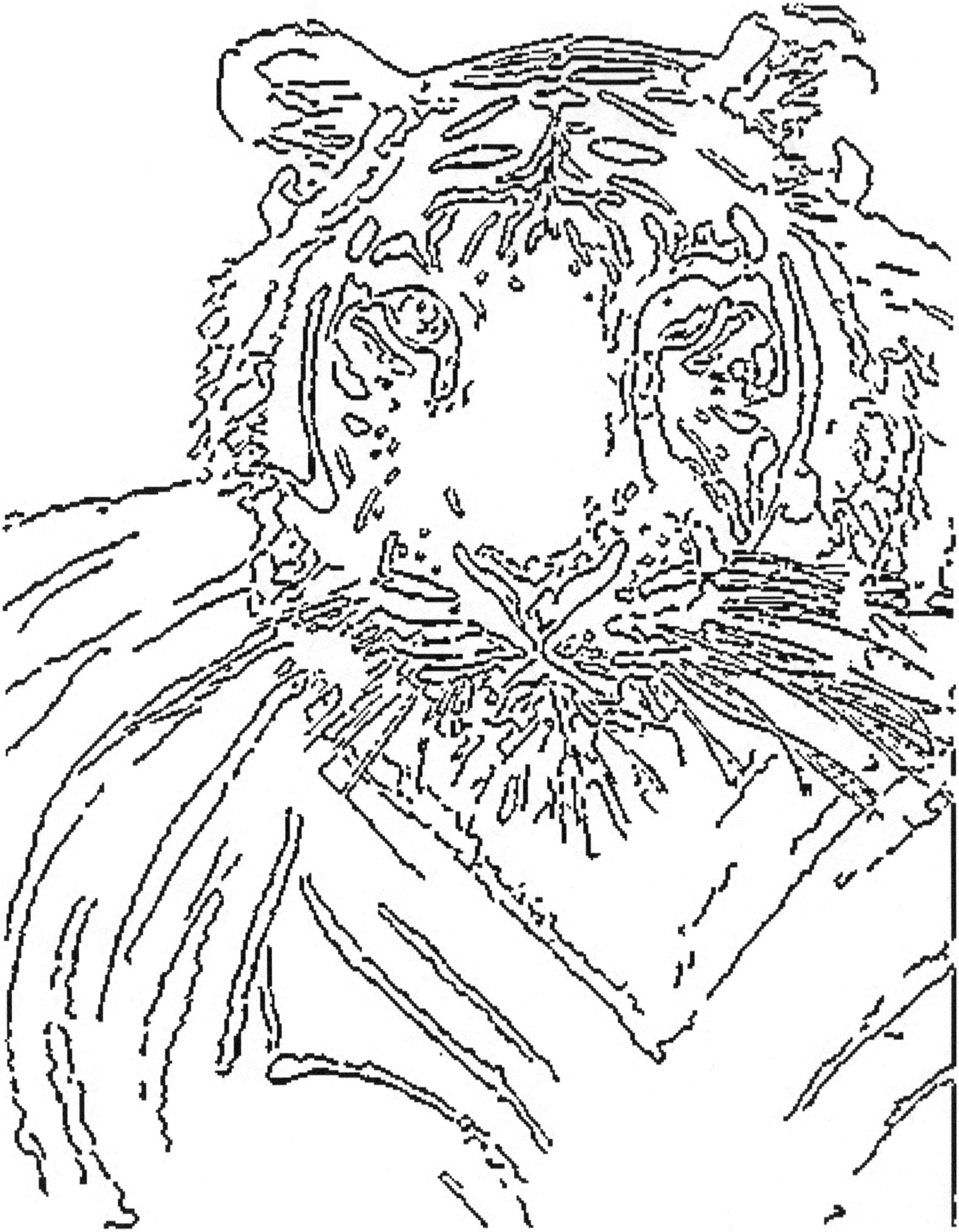

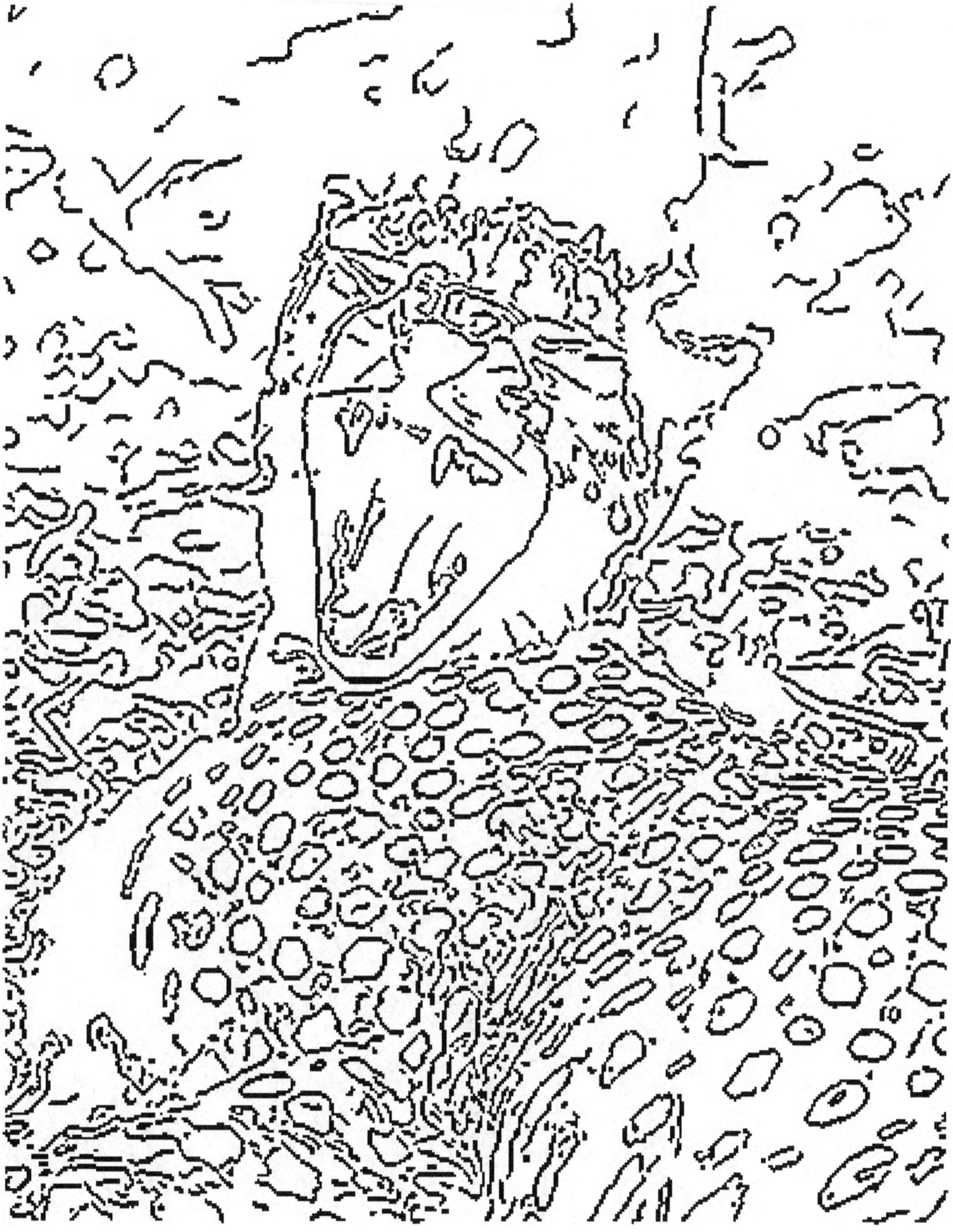

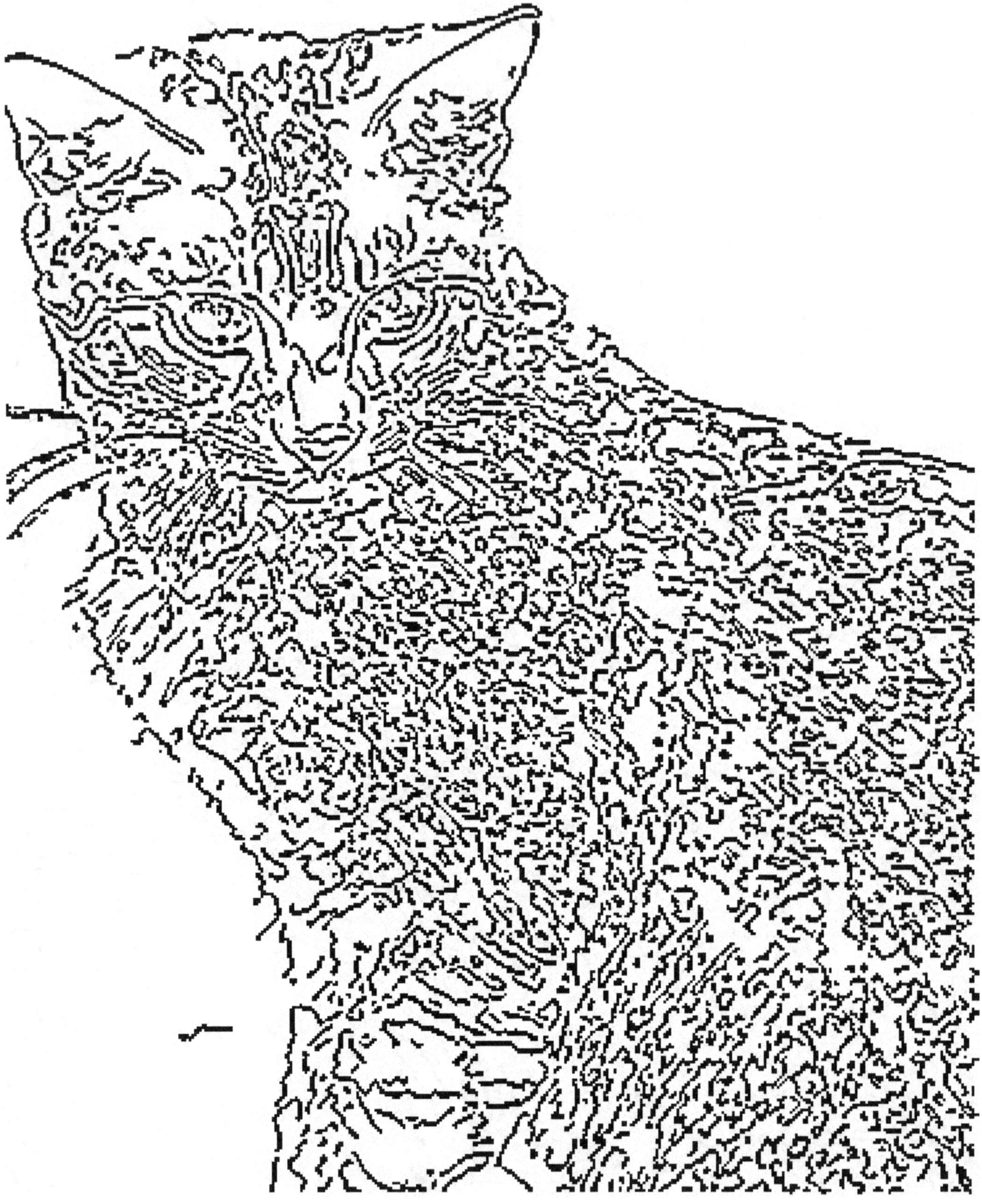

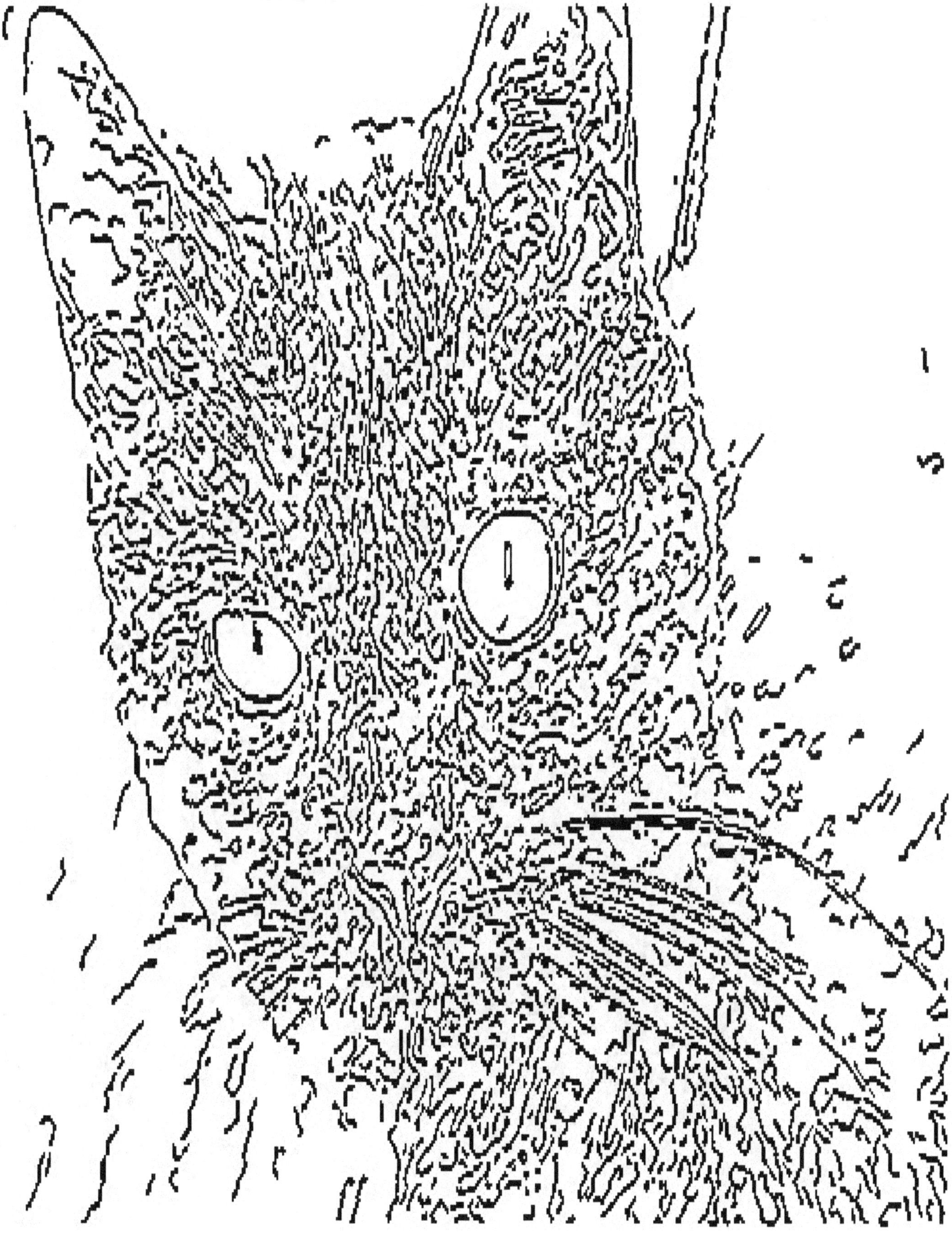

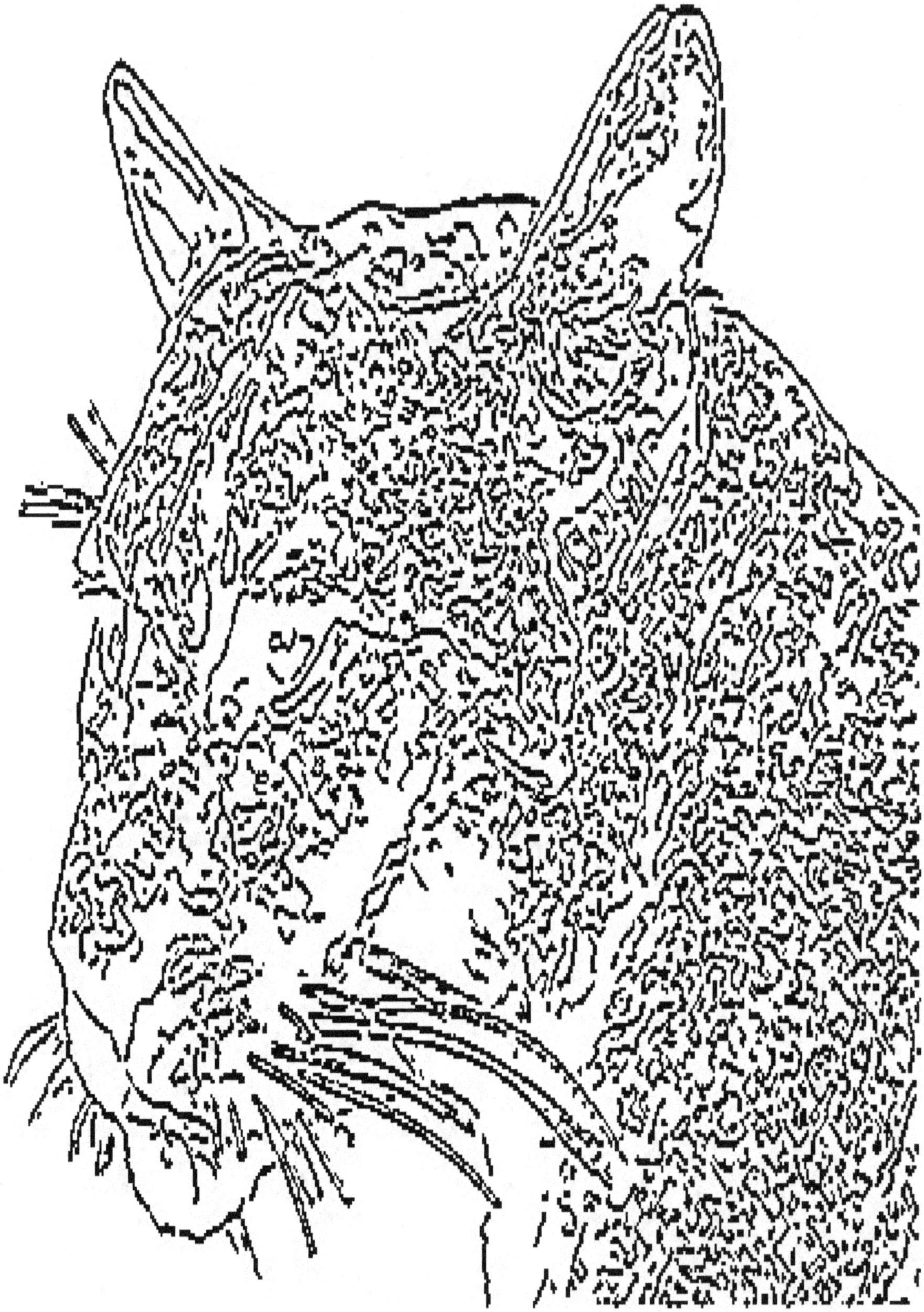

www.ingramcontent.com/pod-product-compliance
Lightning Source LLC
Chambersburg PA
CBHW080600190526
45169CB00007B/2830
* 9 7 8 1 5 2 3 6 6 3 5 7 6 *